改訂版

授業づくりの教科書

国語科
授業の教科書

野口芳宏［著］

さくら社

国語学力形成の実践原理をこそ——まえがきに代えて

小学校の十教科の中で、最も大切と思われる一つを挙げてみよ、と言うと、九割強の人が「国語」を選ぶ。親に問うても、子どもに問うても、教師に問うても、この傾向はほぼ共通している。すべての教科が、国語で書かれ語られているのだからそれは頷ける。私もまたそう思う。その故にこそ国語科は最古の歴史を持ち、授業時数も他教科をはるかに凌いで多く、小学校から高校まで体育と並んで必修教科とされているのだ。

ところで、その重大かつ重要な国語科の授業が、その本来の使命や期待に応えているか、と問われると、胸を張ってそうだとは言い切れないもどかしさがある。これは、要するに教える側の教師に問題があるのだ。何のために教えるのか、何を教えれば良いのか、どう教えねばならないのか、というような具体的な事柄が、教師自身によく分かっていないのだ。

いろいろの授業をし、また見てもきたが、私の見るところ国語の授業が最も質が低いように感じられてならない。他の教科では、「こんな力をつけたいんだな」ということが、指導案を見なくてもだいたい見当がつくし、指導案を読めばいっそうよく分かる。だが、国語科では指導案を見てもどんな学力をつけようとしているのかよく分からない。そうであるからこそなのだろうが、国語科の学力はいつでも低く、その向上が常に求められている。

このような状況から脱皮し、本物の国語学力を形成する国語科授業のあり方、進め方を簡潔に述べたのが本書である。物事の打開・解決に当たっては、常に「根本・本質・原点」を問い、そこから出発しなければならない。これが私の信条である。本書でもまたこの信条を貫き、流行や新しさを追うのではなく、不易、不変、不動の原理、原則を読者と共に考え抜くようにと努めた。国語学力形成の有力な一書となることを心から願っている。

平成二十四年　九月

野口芳宏

授業づくりの教科書　国語科授業の教科書〔改訂版〕

●もくじ

第二章◎授業の基本・授業者の心得

第三章◎授業の基礎技法

第四章◎教材別指導の基本

序 授業の存在意義

教師は具体的な理想を持ち、医者のごとく子どもの現状に対する診察・診断をし、具体的な学力を事実として形成していかなければならない。

授業の眼目、授業の存在意義は何よりもまず「学力形成」そのものにある、というのが私の一貫した考えである。

「楽しくなければ授業ではない」とか、「子どもが自主的に進んで学ぶのが授業の望ましい姿だ」とか、「面白くなければ子どもは学ぼうとはしない」などということが言われている。いちいちそれらは正しい。だが、それらは「学力形成」という本質、本務に比べれば二の次、三の次のことであり、はっきり言えば、どっちでもいいことである。一にも、二にも授業では明確な学力の形成こそが保障されなければならない。

一体その「学力」というものはどのようにして「形成」されていくものなのだろうか。努めて単純に考えてみよう。常々思うのだが、学力の形成を目に見える形で最も分かりやすく見せてくれるのは音楽の授業である。あるいは体育の授業である。共に、弾けなかった曲、歌えなかった曲、跳び越せなかった跳び箱、泳げなかったクロールといった「指導前の状態」を、指導によって明確に望ましい方向に変えていくからだ。

私は、より望ましい方向に子どもが変わっていくことを「向上的変容」と呼んでいるが、その向上的変容を最も分かりやすい形で保障しているのが音楽と体育の授業であると思っている。

さて、その学力形成のメカニズムを見ると、そこに働いている原理は意外に単純である。

例えば、私はしばしばコーラスの指導のベテランの指導ぶりを見に行った。要するにその過程は、①歌わせる→②望ましくない点に気付かせる→③そこに気を付けて歌う――ということのくり返しである。そのプロセスにおいて望ましい歌い方のモデルを教師が演じて見せることもある。これによって子どもは自分たちの欠点、短所をいっそう具体的に認識することができるのだ。

この一連の過程をもう少し仔細に観察してみることにしよう。まず、②の「望ましくない点に気付かせる」ということは、子どもに気付かせるその前に教師が気付くことを前提とする。そして、「教師が気付く」ということは、教師の理想としている歌い方と子どもの実際の歌唱との間にあるずれ、あるいは隔りを発見するということである。教師の理想としている歌い方のレベルが低くて子どものそれに近ければ、子どもの歌唱の問題点を発見することはできない。つまり、まず指導者が望ましい「理想」を具体的に理解し、体得していることが大前提なのである。これが、学力形成の第一の要件だ。

その「理想」が子どもの歌唱を診察する聴診器であり、問題点をふるい分けるフィルターである。聴診器とフィルターの性能が低ければ指導事項は分からない。医師が患者の異常点を見つけるのは、健康体の具体的状況を熟知していることによってこそ可能になる。これは、医師のみに通ずることではなく、およそ人をよりよく変えていく場合には不可決の原理である。

第一章

国語学力を形成する

一　学力形成が曖昧な国語科授業

国語科の授業では、何を置いても「国語学力」の形成を第一義に目指さなくてはならない。それが授業の根本的な存在意義だからである。

1　学力形成の六相

学力の形成というのはどのようにしてその成否が判定されるべきだろうか。学力が形成される、という事実はずばりと言えば次の六つの姿で分かる。「六相」とは目に見える「六つの姿」の謂《いい》である。

①情報・技術の入手、獲得――「入手、獲得」が多いほど良い授業なのだ――

今までになかった新たなものを手に入れる、身につけさせる。それらが多いほど良い授業なのである。例えばそれは、それまで知らなかった文字（漢字）が読めるようになるということだ。どんどん、いろいろのことを教え、知らせよう。

しかし、手に入れたものをずっと持っていられるかというと、そうはいかない。たいていは、間もなく落としてしまう。確実にその手に掴んでいない段階であればなおさらのことだ。

さて、「頭がいい」とはどういうことか。それは「笊《ざる》」で表現すると分かりやすい。インゲンマメなどを入れる笊は目が粗い。これは野菜や果実などをとりあえず、大雑把に入れておくためのものだ。一方で餡漉《あんこ》し笊。これは、目が詰んでいないと困る。細かく、詰んだ目の笊を通してようやく良質のこしあんができる。

「頭がいい人」とは、目が詰んだ餡漉し笊のようなものだ。一度覚えたことは忘れない。ざっくりと編まれた笊のような頭では覚えたそばから落としていってしまう。

私は今、家で月に三回勉強会をしている。一つは道徳の勉強会。二つめは俳句の会。三つめは地域の若い教師が集まってする勉強会。このように人が集まって切磋琢磨する機会があるし、またそのための勉強もする。

私も読書量においては、人後に落ちないが、笊の目が粗いので、読んだ内容が、すぐに抜け落ちていってしまう。同様に、子どもの笊の目は一般に粗いのですぐに落ちてしまうが、繰り返し、反復して教えることで、だんだん定着していく。

このようにして、多くは同様に学力を獲得してきているはずだが、落ちてしまったらなくなる。入試は、その残っている獲得量を調べるものだ。抜け落ちる多さが分かっているのであればなおさら、反復の数をこなし、残るものを増やしておく必要があるだろう。

②情報・技術の訂正、修正――「訂正、修正」が多いほど良い授業なのだ――

例えば「秋」という字の、禾（のぎへん）がきちんと書けなければ訂正する。また、読解などであれば、発問に答えさせて誤りに気付かせるということもある。問われて初めて誤りに気付くことがある、といった開発型の発問が大事なのはその故だ。子どもがすでに持っている事柄の「なぞりと確認」だけでは向上も進歩もない。

しかし、実際に教室で、とくに国語科授業で行われているものは、なぞり型、確認型の発問が多い。

訂正、修正されることが多いほど良い授業なのにである。成績の悪い子ほどたくさん訂正されて、それが楽しくなる。間違った子どもを直して教え、そういう子が喜ぶような訂正型、修正型の授業に変えていかなければならない。

③情報・技術の深化、統合 ――「深化、統合」が多くあるほど良い授業なのだ――

理解をより深める。

例えば「ごんぎつね」で「ごんは、ばたりとたおれました。兵十はかけよってきました。（これは間違いだ。「駆け寄って行きました」と兵十の視点でなければならない）くりが、かためて置いてあるのが……」とある。

栗は散らばっていない。ごんはこっそり、びくびくしながら、見つからないように家に入ったのに、栗を固めて置いた。それはなぜか……それは兵十へのプレゼントだからだ。小さな手で心を込めて固めたのだ。しかし、その直後、ごんは兵十に殺されてしまう。ここにある「かためて」などという小さな言葉はたいていの場合、読み過ごされてしまう。だが、そこを「なぜ、固めて置いたのか」と問うことで、内容理解の「深化」がなされる。

また、「ごん、おまえだったのか」の「か」の読み方はどうすればよいのか。

詠嘆調に下げて読む（A）

疑問調に上げて読む（B）

いずれが正しいと思うかをノートに書かせる――自分の立場をまずは決めさせるのだ。

子どもには相互の学力の落差があるが、それは外からは簡単に見えない。落差は存在しているが、それらは潜在している。その潜っている差異を顕在化させるのが、発問である。AかBかを決めさせることは一つの顕在化法である。それをすぐに口頭で発表させるのではなく、また「書けた人？」などと問うのではなく、「まだ書かない人はいるか」と問う。このときに凄みをきかせると、「全員参加」型の授業になる。

そこで教えたとおりにやった子どもはうんと褒めてやる。これが、「従順快感」を育てるということだ。間違っても、「反抗快感」を育ててはいけない。

どの子もみんな自分の答えが正しいと思っているものだ。しかし、その理解力の差が読解力の差として表れてくるのである。そこで、解答はなるべく相互の差異が分かりやすく見える化しなければならない。そして、他者の考え方や解答によって自分の意見を変えるのは素直な人であることも教える。そして、素直な人は必ず伸びるということも教えよう。

進歩と向上の本質は現状の否定と破壊である。

現状を破壊するから、次の段階へ行けるのだ。個々に落差のある読解という現状を正してやるためには、最終的に教師が正しい解を示さなければならない。まさか「どれも正しい答えだ」などとは言えまい。

先の「おまえだったのか」の読み方の答えは、疑問形で、尻上がりに読むべきある。

「おや」という驚きで兵十はごんに気付いている。しかも、ごんは重傷の中で兵十の問いに頷くのだ――指導をしなくても「詠嘆」を含んでいることは分かる。しかし、疑問形の「か」は指導されて初めて分かる、「あぁ、なるほどな」というショッキングな分かり方のほうがずっと面白い。

それでも納得しない子どもがいた場合は、許容するしかない。それが鑑賞における「自由」というものだ。ある程度個人的な鑑賞にこだわるのは仕方がない。また、未成熟な場合は、「やがて分かる」として、その場では深入りせず、許容する。そのくらいの度量を持って授業をしなければならない。

④情報・技術の反復、定着――「定着」のための「反復」が多いほど良い授業なのだ――

知識にせよ、技術にせよ、それを身につけ使えるようにするためには、繰り返し繰り返ししながら、体にそれを覚えこませていかなければならない。スポーツ選手のトレーニングの例を引くまでもなく、「反復、練習」による「向上、定着」は、その力を発揮するに至る前段階として必須の事柄である。

学力の形成もまた然りである。掛け算九九を覚えたり、漢字の読み書きの力を身につけたりするには「反復」による「定着」が欠かせない。音読の技術も、書写の技術も、作文の技術もみなこの原理が当てはまる。何をどのように、どの程度反復させるかという実践には、個々の場合に応じた工夫が必要になる。

⑤技術の上達、向上――「上達、向上」の事実が多いほど良い授業なのだ――

間違えたり、つかえたりしないで音読できるだけでなく、文脈や文意を適切に反映してより美しく、上手に読めるようになることが大切だ。間違えたり、小さすぎたりするだけでなく、均整のとれた文字の連なりとしてより美しく、上手な文字が書けることが大切なのである。このように、その子の言語技術が、より高度に高まり、上達し、進歩していくことは、そのまま学力の形成なのだということができる。

技術は、高く、巧みであるに越したことはない。知識もまた、より豊かで、多く、確かであるに越したことはない。関心も興味も意欲も、いっそう強く、広範囲に亘るに越したことはない。国語学力の各分野・領域について、その子の持てる力をより高く、望ましく上達させ、進歩させていくことは学力形成の重要な一つの姿である。授業も、指導も、結局はそのように子どもを導き、向上的変容を不断に保障していくことだ。

以上の五相を以って学力形成の指標としていたのだが、PISAの学力調査で、日本の子どもが持てる学力を活用したり応用したりする力に欠けるという指摘がなされた。なるほどと思った。その結果、上記五相に活用力、応用力を加えて六相とすることにした。

⑥情報・技術の活用、応用――「活用、応用」の場が多くあるほど良い授業なのだ――

日本の子どもの学力が、持てる知識の量や理解の適切さにおいては一定の高水準を有しているのに対して、それらの理解力や知識を生活の中に活かして用いたり、他に応用したりする力となると、どうも十分とは言えないという。卑近な例で言えば、敬語に関する理解をしていても、生活の場面では使えないとか、漢字の読み書きはできるのに作文の中に活かして使えない、あるいは使わない、ということである。これでは、生きた学力とは言えない。むしろ、学力とは、目的が先にあって、そのために形成されるものである。

作文力を高めるために漢字を覚える。人間関係をより望ましくするために敬語を習う。これらが本来的な学力の形成の仕方、あり方である。日常生活の「実の場」における言語活動の充実をこそ目指して学習指導を改善していくべきなのだ。

これらのいずれかが自他ともに事実として認められる時、そこに学力の形成の事実を認めることができる。これらの何一つはっきりと認められないならばその授業に学力の形成を認めるわけにはいかない。これら六つのどれでも、あるいはそれらのすべてを、私は昔から「向上的変容」という言葉で呼んできた。その「連続的保障」こそが指導であり、教育であり、授業であると考えている。

2 国語科授業で形成される学力とは

国語科は、教科としての成立も最も古く、その授業時数も最も多い。また、すべての教科学習の基礎を養うという意味で、最重要教科だということができる。これらのことは、子どもに問うても、親に尋ねても、教師に訊いても、みんな同じように最重要教科として国語科を挙げてくることからも明らかである。

しかし、教室で行われている国語科の授業は、多くの場合、かなり現場の教師に厄介がられている。子どもが教科書を見ても、書かれているその大方のことを分かってしまうような気がして、何を教えればいいのかがどうもはっきり分からないと言う。何を教えればいいのかが分からないで授業をすることほど辛いことはないだろう。

そこで、多くの教師が、子どもに分かってはいても改めてもう一度それをおさらいしていくしかないと考え、国語の授業は多くの場合「確認となぞり」に終始することになる。

あるいは、授業の根本的な事項が分かっていないので、とかく珍しい授業方式にとびついてしまい、子どもが賑やかに話し合い、夢中になって討論をし合いさえすればそれはきっといい授業なのだと勘違いをしたりするようになるのである。

国語科の授業における形成学力の曖昧さは依然として解決していない。

どんな学力をつけたのか、という教師の意識も希薄だし、どんな学力をつけてもらったかという子どもの意識も希薄なのだ。だから「国語の学力を高めるのにはどうしたらよいですか」という子どもや親の問いに対して教師は、「やはり、本をたくさん読むことですね」ということぐらいしか答えられない。これが多くの国語授業者に共通した答え方である。したがって、その授業の大方は「活動あって指導なし」「授業はしているが学力の形成がない」という「活動主義」に陥ってしまうのである。

最も基本的なことは何かがきちんと分かっていないために、いろんなことをやりはするがどうも基礎学力を高めることには役立っていない。残念ながらそのような気がしてならない。

そこで、本書では、次のような思いを込めて、国語科の授業の極めてオーソドックスな実践方法を述べてみたい。

①どの教室の、どんな授業者も、まずこれだけはきちんと分かっておく必要があるという「基本」を明らかにすること。

②新しい実践方法を開発していくことはよいことだが、それらの改善案も「基本」に根ざす必要がある。「応用」は「基本」の上に生まれるものであり、常に「基本」がおさえられていなければならない。

③その基本さえおさえてあれば、多様な展開を工夫することはやさしいのである。基本をふまえれば、安心して多様な方法を開発していくことができる。そういう拠り所を明示したい。

これらのことを念頭から離すことなく、多くの実践者に安心して実践できる拠り所を示すことができれば、筆者としてはまことに嬉しいことである。

3 授業の第一義は「国語学力」の形成

国語科の授業は何のためにするのかということをまずきちんと知っておく必要がある。国語科の授業の根本的な目的は、子どもに

国語学力を形成すること

の一事である。「国語学力とは何か」ということには、ひとまず今は立ち入らずにおこう。それは次章に譲るとして、まずはとにかく国語科の授業は、子どもに「国語学力を身につけさせるために行うものなのだ」ということを分かっておかなくてはならない。

実は、このことは何も国語科に限ったことではない。算数の授業をする時には、子どもに算数の学力を形成してやることが第一の目的になる。社会科では、社会科の学力をつけてやることが根本的な授業の狙いになる。

しかし、この至極当然の狙いが、実は意外に忘れられていることに気付くべきだ。例えば、授業研究会の折の協議会の様子を思い浮かべてみて欲しい。

・子どもが生き生きと活躍していた。
・どの子も熱心に作文を書いていた。
・発言が一部の子どもに偏っていた。

・深く読みとっている様子が感じられた。
・先生の、終始にこやかな表情がよかった。
・どの発言も大切に扱われていた。

このような「印象披露」がほとんどではないか。「学力形成」についての議論や討論はどの協議会でもまず見られない、というのが一般的である。

少し極端な言い方をしてみることにしよう。

授業では、「子どもが生き生きと活躍して」なんかいなくたっていいのである。そんなことはどっちでもいいから、本時に形成されるべき所期の国語学力が身につけられたかどうかということこそが肝腎なのである。くだらないことをめぐって、子どもたちが「生き生きと活躍」なんかしたって何にもならないのだ。また、「どの子も熱心に作文を書いていた」ということは、作文の時間における子どもの状態としては望ましいに違いないが、そういう「活動の様子」は、いわばどっちでもいいのである。そんなことよりも、その時間にどんな新しい「作文力」が形成されたのかというところこそが問われるべきなのである。

よく問題になることだが「発言が一部の子どもに偏る」ことだってあっていいのである。活躍をしている子が、一部か、全体かなどということは、どっちだっていいのである。国語学力の形成が一部の子どもにしかなされていなかったとすれば、そのことによって初めてその授業は批判を受けるべきなのである。とにかく、一にも二にも、授業は「学力の形成」こそを第一義に目指さなくてはならない。それが授業の根本的な狙いだからである。

では、「学力さえ形成されればそれでいいのか」ということになるが、ひとまずは「それでいいのだ」と答えておこう。第一義が守られ、達成されることが何よりも大切なことだからである。

二 国語学力とは

国語科教育の任務、本質は「言語事項の学力」「理解学力」「表現学力」の三つの力をつけさせ、高めていくことである。

1 国語学力には三つある

1 日本語を正しく理解する力

では、それほどに大切な「国語学力」というものの内容は一体何なのだろうか。それは、「日本語」について、

正確に言葉で理解する力

適切に言葉で表現する力

の二つをつけることである。ひとまずこの二つを頭に入れなければならない。

日本語で話されたり、書かれたりしたものを、「正しく理解する力」をつけなければ、望ましい言語生活はできない。それは自明のことである。

しかし、私たちは、子どもにしろ大人にしろ、ふだんの言語生活においては、日本語のやりとりに関して「ほぼ正確」な理解が成立しているのではないかという思いを持っている。「このくらい分かっていればいい」「このくらいの分かり方でいい」と考えている。そもそも、言葉が日常的に子どもから大人まで、ほとんど不自由なくやりとりされているので、わざわざ指導をしなくてもいいと考えがちである。

だが改めて「正確に理解する力」ということになると、実はそれは十分に身についていない部分があることを、私たちは実感できなくてはいけない。それが実感できなければ「指導」に身が入らないだろう。そもそも「指導」が必要になるのは、理解上何らかの「不備、不足、不十分」なところがあるからである。「読解指導」が必要であるということは、子どもの読解力に何らかの不備、不足、不十分な点があるという前提に立っていることである。

水原秋桜子に「跳躍台人なしプール真青なり」という一句があるが、この季節を冬だと考える子は半数を超える。また、単純なことではあるが、作者の秋桜子は女の人だと思う子がほとんどである。「理解」は、このように思わぬところでさまざまな「不備、不足、不十分」の状況を孕《はら》むものである。

理解領域においてさえこのような状態であるから「表現」領域に対してはもっともっと「不備、不足、不十分」がある。話し言葉だって綿密に聞いてみればかなり不完全なものである。また、書き言葉の表現ということになれば、望ましく文章を綴れる人というのは寥々《りょうりょう》たるものである。

つまり、国語学力は、このように「不十分」にしか身についていないものであり、その故にこそ国語科教育が必要になるのである。

2　「正確な」理解と「適切な」表現

ところで、「理解」については「正確に」と言い、「表現」については「適切に」と言っていることにはちょっとした注意が必要である。

「理解」は「正確」でなければならないが、「表現」はもともといろいろにできるのであって、「正確」という限定はなじまない。さまざまな表現法があっていいのだが、いずれにせよそれらは「適切」でなければならない。その場その場に応じた適切な表現ができる力を養うことが国語教育の責務であり、そういうことのできる力が国語学力なのである。

さて、「正確な理解力」と「適切な表現力」とを身につけるためには、言葉を知らなければならないし、文字が書けなければいけないし、文字が読めなければならない。このように、表現力や理解力の基礎になるのが「言語事項」である。「言語事項」（伝統的な言語文化と国語の特質に関する事項）をきちんと身につけて初めて表現力や理解力が活動として機能することになる。

そこで、これらの関係を図示すると次のようになってくる。

国語学力の「基礎」が「言語事項」であり、「基本」が「表現力と理解力」である。この両者を押さえて国語学力の「基礎・基本」と言う。このように考えてまずまちがいはない。

国語学力は、以上によって「言語事項の学力」「理解学力」「表現学力」の三つに整理できる。この三つの力を高めていくことが国語科教育の任務であり、本質である。

2 言語技術という学力

1 表現力は理解力よりも根源的

平成元年版の学習指導要領では、その記述の順序が次のように書かれていた。

A 表現
B 理解
〔言語事項〕
（1）言語に関する事項
（2）書写

その後、平成十年版では

A　話すこと・聞くこと
B　書くこと
C　読むこと
〔言語事項〕

に、さらに先の平成二十年版では、

A　話すこと・聞くこと
B　書くこと
C　読むこと
〔伝統的な言語文化と国語の特質に関する事項〕

となった。

平成二十九年度版では、全ての教科が「育成を目指す資質・能力」を次の三つの柱で示すことになった。

ア、「何を理解しているか、何ができるか（生きて働く「知識・技能」の習得）」

イ、「理解していること・できることをどう使うか（未知の状況にも対応できる「思考力・判断力・表現力等」の育成）」

ウ、「どのように社会・世界と関わり、よりよい人生を送るか（学びを人生や社会に生かそうとする「学びに向かう力・人間性等」の涵養）」

このことによって、国語科では従来の国語学力の示し方を次のように構成し直している。

〔知識及び技能〕

(1) 言葉の使い方に関する事項

(2) 情報の扱い方に関する事項

(3) 我が国の言語文化に関する事項

〔思考力、判断力、表現力等〕

A 話すこと・聞くこと

B 書くこと

C 読むこと

平成二十年版で示されていた〔伝統的言語文化と国語の特質に関する事項〕は、新たに〔知識及び技能〕の(1)と(3)に移されている。(2)は新設された分野である。

〔思考力、判断力、表現力〕の柱に示された内容も配列の順序も平成二十年版と同じである。

〔学びに向かう力、人間性等〕については、各学年の「1．目標」の(3)に示してある。

構成や位置づけに変化は生じているが、形成すべき国語学力の内容に大きな変化はないと考えてよい。学習指導要領はほぼ十年ごとに改定されている。だが「改訂」されるのはごく一部分であって、全面的にがらりと変わるなどということはない。それは当然のことである。端的に言えば、ごく僅かの「変わった部分」は、十年後にはまた変わるだろう。時間を超えて不変、不動の大部分、つまり、根本、本質、原点こそがむしろ大切なのである。本書は、新しいことに振り廻されて本質を忘れる愚を犯さないようにという自戒を片時も忘れないようにと努めて書いている。そのつもりで読んで欲しい。

いずれにせよ、「表現」が「理解」の先に来ている。つまり、筆頭に「表現すること」が位置付けられているのである。

これについては、「まず理解」があってこそ「次に表現できる」と考えるのが自然ではないか、と考える向きが多い。しかし、学習指導要領では、「表現—理解」の順になっている。

このことについて、私は「表現力」の方が「理解力」よりも根源的だからだと考えている。

この世に誕生した赤ちゃんが第一にとる行動は、産ぶ声を上げることであり、排泄をすることである。いずれも、体内にあるものを外に表出することである。つまり「表現」である。体を動かすことも一つの「表現」である。母乳を飲むのは吸収であり、受け入れであるが、これは少し時間が経ってからのことである。

人は、飲まず食わずでも成人であれば百日くらいは生存が可能だそうであるが、排泄を全くしなかったら三日を待たずに死ぬだろう。人はこのように、動物もすべてそうだが、「内に入れる」ことよりも「外に出す」行為の方が根源的なのである。「外に出す」ことが先にあって、それによって空になったところへ「とり入れる」ことの必要が生まれる。

国語科教育でも「表現力」を筆頭に置き、次に「理解力」を置いたことは妥当な見解だと私は解してきた。

学校の教師が、教室でも教室の外でも最も多く発する言葉は「静かにしなさい」というものである。この「静かにしなさい」「黙りなさい」「口を結びなさい」というのは「表現」を抑える言葉である。つまり、それほどに子どもたちは「表現欲求」が高いのである。片時も黙ってはいられないのである。この事実は、とりも直さず「表現欲求」が根源的なものであることを証明するものであると私は解している。

2　国語学力の中核は言語技術

ところで、平成十年版の学習指導要領以来国語科学力として一貫として示されている、

A　話すこと・聞くこと
B　書くこと
C　読むこと

の語尾の「こと」というのはどういう意味であろうか。

私は「こと」は「技術」の謂《いい》だと解している。つまり、国語科で形成すべき学力の三領域とは「話す技術・聞く技術」「書く技術」「読む技術」なのである。「こと」はもっと広い意味であって「技術」だけを意味するのではない、という反論も出そうである。そこで、一歩譲って「言語技術こそが、国語学力の中核」と言い直してもよい。意味に大差は生じまい。

3　技術は「知識」の安定的行為化

「分母を共通化する通分によって／異分母分数の加減計算ができる。」この文の前段が「知識」であり、後段が「行為」だ。

「聞き手の眼を見ながら／話せる。」この前段が「知識」で後段が「行為」だ。

知識に支えられた行為が、安定的に成立する時、これを「技術」と呼ぶ。

国語科における言語技術を高めていくためには、必要な「言語知識」つまり「学習用語」を明らかにすることが肝要であるが、今もって国語科で教えるべき「言語知識」も「学習用語」もほとんど明らかにされていない。だから、国語科の学力形成はしにくいのである。

知識なき行為は、巧みではあっても他者に伝達することが難しい。行為化できない知識は空虚である。まずは、身につけるべき言語知識としての「学習用語」の洗い出しと、発達段階に応じた配列（ゆるい系統化）がなされなければならない。この種の実践研究では、鍛国研札幌の柳谷直明氏や堀裕嗣氏らにすぐれた著作があるのでぜひ読まれることをすすめたい。インターネット検索によって参考文献を知ることができる。

三 国語学力形成の原理

「理想状態」を教師自身が持ち、子どもの現実に「不備、不足、不十分」を見出し、指導する授業を行わなければならない。

1 国語学力はどのように形成され得るのか

学力形成のメカニズムをごく大まかにとらえるならば、次のようになる。

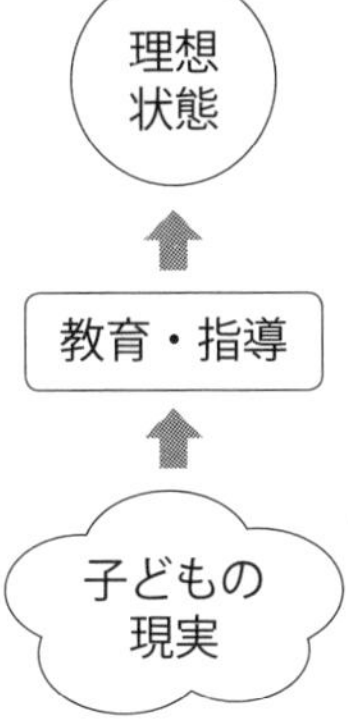

子どもの現実は、理想状態から見れば、さまざまの「不備、不足、不十分」を孕んでいる。それらを具体的に把握した時に、それらがそのクラスの「指導事項」となる。

この「指導事項」を正しく、的確にとらえて、そこに指導、教育、治療を施していけば、子どもはぐんぐん「理想状態」に近づいていく。これが、学力形成の基本的メカニズムである。

さて、国語科で形成される「学力」の内、漢字、語句の指導は別として、「読解力」「談話力」「作文力」「鑑賞力」などが、明瞭に「授業によって」形成されてきたのだろうか、と考えてみて欲しい。

このことについての私の調査では、それらの「国語学力」は、大方授業の外での読書やテレビやラジオや日常の談話の交流などによって養われてきた、と考えている人が九十五パーセントである。つまり「国語科の授業によって」国語学力が形成されたと考えている人は極めて少ないという現実があるのだ。

私は、この現実を謙虚に受けとめたい。そもそも国語科の授業、とりわけ「読解」や「鑑賞」の授業では、

正解はない

と考えている人が圧倒的に多い。また、そのように指導している指導者が圧倒的に多い。つまり、それは上掲の図における「理想状態」が「ない」「存在しない」という考え方であり、それでは「学力形成」はできっこない。

むろん、「これが正解」と唯一絶対のものを決めかねる場合は現実に存在する。鑑賞の中には「そうもとれるし、こうもとれる」という場合もある。しかし、それはやはり例外的であると考えなければならない。もし、それらが例外的でなく「常態」であるとするならば、「指導」は成立しなくなる。そうなれば、「活動」をさせておくだけで良いということになる。かくして、国語科の授業の大方は「活動本位」、つまり「活動あって指導なし」ということになっているのである。

しかし、活動をさせていれば力がつくというのであれば、国語科の指導はいらなくなるはずだ。極論すれば、国語の授業は不要であり、学校もいらなくなる。

授業や学校が存在する意義は、「学力形成のために有用な活動を組織し、指導を加え、子どもの向上的変容を保障すること」にある。「活動あって指導なし」というのではどうにもならない。

2 「不備、不足、不十分」を発見する目を

さて、指導を加え、教育をして国語学力を形成しようと考えるならば、「正解はない」というアナーキーな考えではなく、

正解、ないしは妥当な解の存在

を肯定しなければならない。子どもの実態、子どもの現実に「不備、不足、不十分」を発見するところから教育や授業がスタートするという当然のことを忘れてはならない。

その「不備、不足、不十分」は「理想状態」というフィルターを透すことによって発見されるものである。このフィルターこそが「正解」であり「妥当な解」である。教師はそれを持つべきであり、持っていなくては指導者とは言えない。

国語科の授業を正しく、望ましいものとして具現していくために、指導に当たる教師は望ましいフィルターをつくらなくてはならない。そのためには「教材研究」がまず何よりも大切になってくるのである。

国語科の授業の目的もまた子どもをより望ましく変えていくことそのことであり、「向上的変容の連続的保障」をすること以外ではないのである。

その意味では、明らかに授業は「教師中心」でなければならない。授業の成否の全責任は教師にあるのであり、教師のリード次第で授業の成否は決まるのだ。「授業の主役は子ども」という俗解、俗論にまどわされてはならない。授業は本来教師中心であるべきなのだ。

第二章

授業の基本・授業者の心得

一　全員参加を促す授業

授業は、一人残らずすべての子どもの参加を常に保障して進められなければならない。

1　全員参加の重要性

1　「傍観者」ゼロの授業

「全員参加の保障」こそ私の授業実践の主要なキーワードの一つである。

それは、実は当然のこと、当たり前の原則なのだが、教室の現実は大きくこの「当然」とかけ離れているようだ。「全員参加」とは反対の「部分参加」の授業が圧倒的に多い。

部分参加、一部参加の授業というのは、子どもが「当事者」と「傍観者」の二つに分かれ、「当事者」がごく一部分の子どもであり、大多数の子どもは「傍観者」になっている授業である。いわゆる「学級崩壊」と言われる教室では、当事者が一人もいない。そして大方の子どもは「傍観」もしていない。それぞれが勝手気ままに動き廻っているだけの烏合の教室だ。

全員参加の授業というのは、傍観者がゼロで、全員が「学習当事者」になっている状態である。そして、どの子も「主体者」としての思考と行動力とを発揮し、授業の成り行き、授業の進行にすべての子どもが強い関心を向けている。

2 「参加」の内実と具体

「参加」と「不参加」の区別、判定は何によって可能か。それは次のような行動・現象の有無によるのが妥当である。

・発言　・ノート　・頷きや否定動作　・音読や黙読　・挙手　・傾聴　・吟味

これらのどれもが子どもの行動に見られなければ授業には「不参加」の状態だと見ていい。「考える」という思考活動も「参加」の一つではあるが、外側からの判定は困難だ。「よく考えてごらん」という指示はほとんど無意味である。

「よく考えざるを得ないような行動」に追い込むべきなのだ。「今の発言に賛成なら○を、反対なら×を書きなさい」と指示をすれば子どもらは「考えざるを得なくなる」のである。

全員参加を促すには、このような「行動」を子どもにさせるのが得策である。そしてそれらいろいろの行動の中でも「ノート」作業をさせることが最も効率的な参加を促すことになる。私の授業はしょっちゅうノート作業をさせるのだが、これが全員参加を促す私のてっとり早い技術だからだ。

2 ノート作業を取り入れる

1 最良の参加促進策

担任時代の私は、子どもたちに次のように言っていた。折りに触れては繰り返していた。

話は目で聞きなさい。
勉強は手でしなさい。

脇見をしながら話を聞くのは不真面目だ。ノートも取らずに勉強するのは横着だ。正対して話を聞き、ノートを取りながら勉強をするのが本物なのである。

ノート作業をする時には、目は文字に注がれ、頭はノートする内容で充たされている。つまりノート作業をする子は積極的な学習参加をしているということになる。

よく「ノート作業をさせたいのだが、時間がかかりすぎて取り入れにくい」という話を聞く。また「ノート作業はじっくりと時間をかけさせるべきだ」という人もいる。いずれも私は不適切な考え方だと思う。

私のノート作業は次の特色を持っている。

・小刻みに　　　――短く
・しょっちゅう　――常に

・ずばりと　――端的に

ノート作業をさせる時間は長くても二分、普通は一分前後である。このように短時間でノートできるところにまで作業内容を砕くことがポイントなのだ。つまり「ノート作業だ」と特別に構えることを私はさせない。

したがって「しょっちゅう、やたらに」ノート作業をさせることができるのである。「しょっちゅう、やたらにノートする」ということは「しょっちゅう考えさせている」ということなのだ。

「○か×か」に代表される私の問いは、いつも「端的に」「ずばりと」「一言で」自分の考えを表明させることを強いている。だから「時間がかかりすぎる」ということはない。しかし、「端的に」答えさせるということは「容易」ではない。端的だからこそ十分に深く考えなくてはならないからだ。

2　短く、常に、端的に

もう一つ私のノートのさせ方の特色は、指示の後に「書けた人」と問わずに

まだ書けてない者は手を挙げなさい。

と問い、挙手を求めることである。これは一般の教室で行われている授業とは逆である。

「書けた人」と求めるのは「当事者」を一部に限定し、「傍観者」を排除する授業法である。なぜなら、この後の授業は「書いた人」だけを相手に進行していくからだ。

「書かない人」は「傍観者」の席に追いやられてお客様扱いされることになる。

私の方法では「まだ書かない人」に対して「さっさと書け」と強要する。全員がスタンバイするまで、私の要求の手は緩めない。子どもらはいやおうなく、常に全員が「当事者」にさせられてしまう。これこそがつまり「全員参加」の真骨頂なのだ。

ノート作業をさせれば、思考、決断、肯定、否定、立場の決定、理由の探求、評価、判定、懐疑、同調などなど各種各様の「思考」が活発に行われることになる。

全員参加を促すには「短く、常に、端的に」ノート作業をさせるのが一番良い方策と言える。

3 「うとてとこ」のノート作業から

「うとてとこ」の私の原実践は、昭和五十九年に木更津市立西清小学校の四年生に行ったものだ。当時の私は教頭であった。この折のビデオは私の第一著作集『鍛える国語教室』（全二十巻）の別巻の一つとして収録されている。

この実践が広く知られるようになったのは向山洋一先生が主宰する「教育技術の法則化運動」の第一回二十代講座で紹介してからである。これがおそらく日本で行われた「模擬授業」の嚆矢と言ってよいだろう。

この中における主なノート作業についてコメントを付しつつ紹介してみよう。ただしこの授業の面白さはむしろその展開の妙にこそあり、特にノート指導そのものに特色を持っているというわけではないことは断っておきたい。

うとてとこ

谷川　俊太郎

うとうとうとう
うがよんわ
うとうとうとうと
いねむりだ

てとてとてとて
てがよんほん
てとてとてとてと
らっぱふく

ことことことこ
こがよにん
ことことことこと
とをたたく

出典　『ことばあそびうた』　谷川俊太郎 著　福音館書店 刊

①○か×を書け――と指示

一行めの「うとうとうとう」を板書して子どもに読ませる。平仮名書きだから読めない子はいないが読めても何のことかは分からない。

そこで、「何のことか分かる人はノートに○、分からない人は×を書きなさい」と指示する。○と×は、ノートのどこに書いても構わない。○か×を書くのは簡単だ。

この時、次のように言えばもっと良い。「意味が分かるか」というように「小見出し」を書き、その下に○か×を書く。次のように――。

・意味が分かるか――×

こうしてノートさせておけば何に対しての○×であったのかということが後で見ても分かる。

さて、○×を書くのはいつだって、「直ちに」できる。「直ちに書く」ことはルールとして周知させておきたい。△などというのは認めない。また、○×の判定に時間をかけない。よく分からなければ「どちらかと言えば○」という程度の判断でよしとする。○×は、あくまでも「その時点での」判断であり、授業の進行とともにそれらが変わっていくことは大いに歓迎すべきことだからだ。

②まだ書かない人――と問う

短時間で○×を書かせた後で、とかく誰もが「書けた人」と言って挙手させがちだ。

これがいけない。これを言ってはだめだ。そうすると「書けた人」だけが手を挙げ、「書けない人」は以後は相手にされなくなるからだ。

私は「まだ書かない人」に挙手させる。そして、手を挙げた者には「さっさと書け」と命ずる。かくて「不参加者」がなくなる。一人残らずが、○か×かを書くことになる。これで初めて「全員参加」が成立するのだ。

③○と×とどっちが多いと思うか

私はこの問いもよく発して列指名をする。

子どもたちは「○が多いと思います」「×が多いと思います」「○の方が多いと思います」などと「予想」を言う。

これを聞いた○派は動揺したり、ほっとしたりする。×派も同様だ。そして、共に「本当はどっちが多いだろうか」と思う。私はこれを「その先への期待」と呼んでいる。授業はいつでも「その先への期待」に満たされているべきだ。

「先が楽しみ」になる。すべからく授業は「期待と緊張」の連続であるべきであって、「諦めと緩み」の中ではいい学習にはならない。常に我々は「期待と緊張」を教室の中にみなぎらせたい。

④なぜ○か、なぜ×か

○か×かをつけることは容易、かつ簡単である。

肝腎なのは、その「論拠」が存在し、それを明快に述べられることである。論拠のない○×の表示は「でたらめ」である。よく子どもは「何となく×だと思った」というようなことを言うが、私はこれを許さない。そして言う。「何となく、なぜ×だと思ったのか」「それを自分自身にぎりぎりと問うてみよ。必ず理由があるはずだから」と。

判断は「結果」である。論拠を問うのは「経緯」を明らかにすることだ。およそ思考力を鍛える良策は「なぜか」と自問することである。「自問、自考、自答」の繰り返しの中で思考力が鍛えられていくのだ。

4　プロセスを追うことで表れる「向上的変容」の姿

理由と論拠の紹介、及びその当否の検討のプロセスで○か×かの正解が明らかになっていく。○が×に変わったり、×から○に変わったりする。これが「向上的変容」の姿だ。

「なぜか」という論拠を「ずばり一言で」書かせることもある。ノートには、短く核心をついた要点だけを書かせれば足りる。長く、じっくり取り組ませずに、端的に、ずばりと書かせる方が子どもにとっては分かりやすいからだ。

二 子どもを集中させる技術

子どもが主体的、自主的、積極的に集中へと向かわざるを得ない「必要の場」に追いこむような働きかけを、教師はすべきなのだ。

1 集中の二つの原則

人は、誰だって「熱中の素質」を持っている。老若男女、成績の上下なんぞに関係なく、程度や対象の差こそあれ、人はみな何かに熱中する素質を共通に持っている。この点への確とした信念がまず大前提である。

集中するという場合には、そこに二つの原則が存在し、そのいずれかに依存している。

第一は「面白い」と感ずることである。

そのことに面白さを感じるとき、人はそこにのめりこんで熱中する。釣りに熱中する子は釣りが面白いのである。テレビゲームに熱中する子は、テレビゲームが面白くてたまらないのである。

もう一つの集中は、強くそこに集中せざるを得ない「必要性の自覚」を持った時に成立する。

受験勉強に熱中したり、自動車学校に通って猛烈に勉強したりするのは、「面白い」からというわけではない。それを乗り越えることによって、自分の必要が満たされるからである。

この二つの原則は、大人や子どもの区別なくあてはまる。男女老幼の別もない。人間すべてに共通する二大原則と言ってもよいだろう。

授業も、この原則のどちらかに合致しなければ子どもは集中しない。

2 「面白さ」は教材の工夫で

第一の原則を遵守すれば、それは教材の開発、工夫という方向に進むだろう。子どもがとびつくような教材を開発することは「面白さ」に引きこむポイントである。

作文に子どもを熱中させようとするならば、常識的に出題されている、

・三年生になって
・夏休みの思い出
・大見山遠足
・野口英世を読んで

などという題材ではうまくいかないだろう。もっと子どもが「面白い」と感じてすぐにでも書き始めたくなるような、

・ぼくは犬のエスです
・十万円を拾ったら

・それからの桃太郎

といったネタで書かせれば、子どもはきっと書くことに集中する。

教材開発は、子どもの側に立つ授業を打ち立てようと考える教師にとっては欠くことのできない研究事項と言えるだろう。むろん、「面白さ」だけを狙ったのではいけない。その学習への集中を通じて「学力形成」が図られなければならないことは、言うまでもない。

③ 集中への働きかけは教師の義務

1　おおむね人は怠け者だ

分かりやすい例として言えば、あなたの学校の先生方の中で、毎月教育雑誌を少なくとも一冊はとっているという先生がどれくらいいるだろうか。三人か、五人か、そして、それは全体の何割位になるのだろうか。

私の今までかかわってきた学校ではおよそ一割、せいぜい二割止まりというところが相場であった。つまり、多くの先生は、自分の職能を高めようとして本を買うための身銭を切りはしないのである。教育書を毎月読まなくたって、それでもその日その日は何とか勤まるものらしいのである。

教師という職にある者にしてこのような次第であるのだから、一般の子どもが、自ら進んで学ぼうという心を持っているなどということは考えられないだろう。私はそう思うし、そのように考える人が多いだろうと思うのだが、公式な場では、このような発言はタブーになっている。

公式な場では、子どもはみんな学ぶ意欲を持っており、主体性を持っているのだから、教師がリードするのでなく、むしろ少し下がって「援助」したり「支援」したりする方が、子どもをやる気にさせるのだ、ということになる。本音と建前との違いは、いつの世にも存在する。

私は現場の実践者だから、建前よりは現実を重視していく人間である。我々がやらなければならないことは、子どもを学習に集中させ、学力を確かに身につけさせていくことなのである。

本来、易きに流れ、できることなら苦労をしないで日々を過ごしたいと考えているのが人間なのだという、そういう、いわば人間お人好し論みたいなものが私の人間認識である。

そういうお人好し人間をそのままにしておけばろくなことはない。何もしないままにのんべんだらりと過ごしてしまう。だから、強制によってでもそういう心根を叩き直して立ち直らせることが必要なのだ。そうして、立ち直り、本物の人間としての生き方に目覚めた子どもは、その後の人生を大いに豊かで実り多いものにしていくことになる。

そのための働きかけを、教師はすべきなのだ。

2　集中させる技術

このような前提に立って、私は、いつでも子どもを授業に集中させようとする。「必要の場」に強制的に立たせてしまうのである。それは、外からは確かに強制ではあろうけれど、子どもはそれによって自分なりの立場を持つことになり、一旦自分の立場を決めれば、その時点からは自分の主体を確立し、次の事態に対しては、主体的、自主的、積極的にかかわっていこうとする。かくて子どもは授業に集中し、夢中で学習にのめりこんでいくことになるのである。

①自分の立場を決める

賛成か、反対か、という立場を仮にでもよいから決めさせる。一旦自分の立場を明らかにすれば、今度は他の人の立場が気になってくる。「気になる」ということが、関心を持つということであり、関心を持つということが集中する前提なのである。

立場を決めなければ傍観者である。傍観者とは、そのことにかかわりを持たない人のことであり、そのことの当事者ではない。そういう子は授業の中には入っていけない。

②理由・根拠を自問する

立場を決めたならば、なぜ自分がその立場を選択したのかを自問させることが大切である。そのことによって論理的思考力が身につき、他者の考えをも分析的に吟味する力がついてくる。

そういう力を身につければ授業のなりゆきが面白くなり、授業に集中するようになる。これを面倒がるようではいけない。自らを高めるために、自問を楽しむような子どもにしていこう。

③他の意見を批判的に聞く

ぼんやりと聞いていてはいけない。友だちの意見に対して、いつでもそれは

・なぜか？　（理由）
・ほんとうか？　（真偽）

・正しいか？　（正誤）

と考える姿勢を持たせるのである。こういう積極的な関心が自然に授業への集中を促す習慣を培っていくのだ。

④ **成果を教師が明示する**

子どもの努力に対して教師は必ず報いてやるべきだ。その勉強、努力によって何がプラスになったのかを明示すれば子どもは集中するものだ。成果を曖昧にすれば、子どもは努力の虚しさに失望する。そして、努力をしなくなる。

三 分かりやすい話し方

対話を含んだ明快かつ論理的で分かりやすい話し方が、授業効率を高め、子どもの学習意欲を高めることになる。

1 最も重要な教育技術

授業を進める上で、教師の話し方の巧拙、適否ほど子どもに大きな影響を与える技術はないだろう。教師が一言も喋らない授業などは考えられないし、また、そんな授業があってはならない。

私は、文科系なので理数は不得意なのだが、中学校の時に時間講師で数学を教えてくれていた水野宗三先生の授業は実に分かりやすく、その時ばかりは数学が好きになったことを覚えている。水野先生の話は、実に明快かつ論理的であった。ややこしくなくて、すっきりしていた。

あのような話し方ができれば、教わる子どもたちはずいぶん幸せだと思う。

一体、その上手な話し方の鍵、秘訣はどういうところにあるのだろうか。次の論点をふまえれば、誰の話も必ず分かりやすい話し方に変わっていく。一つひとつ点検するつもりで日常の自分の話法をふり返り、実践化を心がけてほしい。

2 六つの秘訣

①ゆっくり、はっきり

話し方の形式的な技術としては、まず「ゆっくり」、そして「はっきり」話すことを心がけたい。「早弁」は、言葉を多用し、無駄にする。せかせかと話す人は、聞く人の心までせかせかさせる。

自分の話している言葉を、じっくりと自分の耳で聞き、自らの話し方を評価しながら話すくらいのゆとりを持とう。そういう話し方を心がけていれば、話す技術は必ず向上していく。「話したいように話す」のでは、話法の向上は望めない。

そもそも「話す」ということは「伝達」に目的があるのだから「伝わり方」に気を配らなければお話にならない。「伝わり方」に気を配るということは「聞く相手の立場に立つ」ということである。「話したいように話す」というのは、一つの自分勝手であり相手を軽んずることでもある。

②聴衆反応の診断

至文堂から『解釈と鑑賞』という雑誌が出ていた。もう数十年もの昔になるが、ここで「話し方・聞き方」についての臨時増刊号を出したことがある。私はそれを買い求めたのだが、その中で出合った言葉が

「聴衆分析」、「聴衆反応」というものである。

私は、この言葉に出合ってから私の話し方に一つの新しい世界が拓けたように思う。

先にも述べたとおり、話すということは根本的に「伝達行動」なのであるから、聞き手にどのように伝わっているかという診断をしないで一方的に話すことはナンセンスなのである。

「聴衆反応」というのは、そこのメカニズムを実に的確に表した言葉である。話し手は常に「聴衆反応」に目を配り、気配りをし、自分の話し方を調節すべきなのである。熱心に聞き入っていればそのまま続けていいし、聴衆が飽きてきたな、疲れてきたなと感じたら、話題を転じたり、ユーモアを加えたりして少し聞き手をリラックスさせるなどの調整が必要なのである。

授業においてもこの原理は全く同じである。子どもの様子、つまり聴衆反応にいつも目配りをし、子どもをこちらに引きつけて話せるようにしなければならない。

③どんな話も「対話」が基本である

教師が全く一方的に子どもに説明をするという場面も、実際にはかなり多いと言える。なるべく教師が子どもをリードしない方がいいというようなことを言う人もあるが、それは基本的におかしい。すぐれた教師のすぐれたリードによって子どもは眼を覚まし、伸びていくからだ。したがって教師の一方的な説明も教育の中にあっては極めて大切な話し方の一つなのである。

ところで、その一方的な説明であっても、それは基本的には「対話」であることを銘記すべきである。私は、講義も、講演も話者と聞き手との間に常に望ましい「対話」が成立しなければならないと考えている。

「対話」というのは、その本質は「やりとり」にある。こちらからまず送り、それがどう受けとめられたかを今度は聞き手がこちらに送ってくる。それを受けてこちらからまた送る。そういうことの繰り返しがもっとも望ましいのであり、そういう時にこそ聞き手は「楽しかった」「面白かった」「よく分かった」ということを実感するのだ。

授業における対話も、これと全く変わらない。授業とは即ち「対話」なのである。対話が成立している授業は効率を高めることになり、子どもの学習意欲を高めることにもなっていく。

④ 一文を短くする

「この間電車に乗った時に高校生がいっぱい乗ってきて、煙草を吸い出す奴がいて、誰かがそれを止めるかと思ったんだけど、誰も止めなくて、私もよっぽど注意しようと思ったけどあんまりいっぱいの生徒があっちでもこっちでも吸っているんで、何となくちょっとこわいような気がしてこれはもうしょうがないやと思ったんだけど、どうして今の高校生はあんなふうに大っぴらに悪いことを平気でするんだろうかと思うと嫌になってくるよねえ」

こういう話は「分かりにくい」のである。まとまりがなく、だらだらしているから分かりにくいのである。次のようにすればずっと明快になる。

「この頃の高校生には驚いたよ。久々に電車に乗ったのだが、公然と煙草を吸い出した奴がいる。誰かそれを止めるかと思ったら誰も止める者がいない。そのうちに、あっちでも、こっちでも……」

要するに一文を短く切ることが大切なのである。区切られた「。」のところで聞き手は話に一つのまとまりをつけて頷くことになる。だから話が分かりやすくなるのである。

これは、実は話し手の側にとっても大切なことなのだ。自分の話に自分でまとまりをつけるということが、話を分かりやすくするからである。

⑤具体例を引く

聞き手にとって分かりやすい話というのは、要するにイメージを具体的に思い浮かべられる場合である。イメージを具体的に思い浮かべられるということは、つまりは自分の経験とその話とを結びつけられるということなのである。聞き手は自分が経験したことだからイメージを思い浮かべられるのであり、そういう話は分かりやすいのである。

具体例を引くということは、聞き手の経験の中にある事柄と、今伝えようとしている事柄とを結びつけるということなのだ。伝えようとしている内容が抽象的であればあるほど、具体例を引いて分かりにくさを補うことが必要になってくるはずである。

話の上手な人、分かりやすい話のできる人というのは、適切この上ない具体例を引くことが上手な人なのである。「たとえ」を用いるのはそのためなのである。

⑥キーワードを使う

言おうとしていること、伝えようとしていることの内容を、ずばりと言い当てるようなキーワードを用いると、話を的確に締めくくることができる。やや長く説明したその後で、すかっとしたキーワードや格言を用いて話を締めくくることは、聞き手の理解を大いに助けることになる。

キーワードは、既成のものを用いることが多い。だが、伝えようとしていることを最もよく承知している本人がオリジナルにつくる方が、効き目が大きいこともある。「向上的変容」「小刻みなノート作業」「できることより変わること」などは私のオリジナル造語、またはフレーズである。

子どもに対する授業でもこの原理はそのままそっくりあてはまる。

四 素材研究・教材研究

素材研究、教材研究の重要性は言わずもがな。絶対の方法があるわけではないが、一つの参考として私の場合を紹介したい。

1 教材研究への関心の高まり

1 不断の努力を積むこと

私は、模擬授業を頼まれることがかなり多い。実際に子どもとの生の授業ができれば最上だが、いろいろの制約があってそこまではできないことが多いので、代わりに先生方との模擬授業をすることになるわけだ。

幸いにして私の模擬授業は好評のようで、同じ会場から何年にもわたり、いろいろの教材で所望されるという光栄にも浴している。その好評の一つの理由に「教材の見方」という問題がある。「どうしたら野口先生のような教材の見方ができるようになるのですか」というような問いをよく受ける。また、「どうしたら先生のような発問がつくれるようになるのですか」などともよく問われる。

いずれの場合も私は返事に窮するのが常である。別に手の内を隠そうなどという魂胆があるわけではない。事実私は答えようがなくて困ってしまうのである。「こうすればいいのですよ」というような「技術」「観点」を即座に示せるようになかなか整理ができないのである。また、そういう整理は今後もずっとできないのかもしれない。

ちょうどそれは、五木ひろしや島倉千代子に「どうしたら、そうやって歌えるのですか」と問うようなもので、きっとご本人にもその答えは出せないだろうと思う。抽象的な言い方になるが「不断の努力」とでも言う他はない。それが本音である。

2　事実を語ることはできる

原理や技術にまで整理はされていないものの、こんなことをしてきましたよ、という手の内を語るということはできる。そういうこと、そういう事実の中から、あるいは少しは参考にしてもらえるヒントが導き出せるのかもしれない。

そう考えて、いくつかの題材をとり上げながら、私が授業をするまでにどんなことをどんな風にやっているのかということを書いてみたい。できるだけ詳細にそれを語ることによって、手の内を察してもらいたいからである。

2 野口流・教材研究の仕方

① 教材はA４判にコピーする

実地授業でも模擬授業でも、そこで用いる教材をコピーするところから私の仕事が始まる。コピーのサイズはすべてA４判に統一している。拡大または縮小すると読みやすいし、広い空間は書きこみをするのに好都合である。

すでに前の会で使った教材もあり、そこには書きこみもしてあるのだが、原則的には私はそれらをあまり用いないことにしている。というのは、それはやはり私の過去の一時期における所産であり、それからいくばくかの時を経た私は、その時より少しは進歩しているだろうと思いたいからだ。

過去の所産をみればやはりそれに引きずられるだろう。覚えているところはそれでもよいが、忘れていたことまでわざわざ引き出す要もあるまい。私は、今という私の人生で最も新しい時間とセンスを活用して改めて教材と向き合いたいと思っている。

ただし、「原則的に」と書いたように、仕事に追いかけられて手が廻らないような時や、心と時間にゆとりのない時にはかつて用いた書きこみのある教材コピーを再利用することもある。その辺は臨機応変というところだ。

そのような場合でも、全く同じ手法や発問を私は「原則的に」は用いない。やはり、今回の勉強会のために私は何がしかの新しい発見と夢をその会場に持っていきたいと思うからだ。

余談になるが、講演会でも私はこの方針を貫いている。講演会でも同じテーマ、似たようなテーマで依頼される例は多い。だから、一度用意した内容を何度も使うということも可能なのだが、私は割合律義にわざわざ一回一回のために準備をスタートする。

そうすることによって、蒸し返しでない新鮮な気持ちで話をすることができるからである。やはり、その会に集うその人達だけのために、その時の私の力いっぱいをぶつけてみたいという思いがあるからだ。むろんこれとても、時と場合によっては昔の原稿が役に立つということは当然のことながらある。それはそれでよいのだと考えている。

②教材を読む、書きこみをする

国分一太郎氏はかつて「成心《せいしん》なく読む」ということを言った。

「成心」というのは、広辞苑によれば、「①前もってこうだと決めてかかっている心。先入観。②心中にもくろむところのある心。したごころ。」と説明されている。成心なく読む、という国分一太郎氏の言葉に触れたのは、もう五十年もの昔のことだが、今でもその言葉に触れた時の感動をまざまざと思い出すことができる。実にいい言葉だと思う。

教材を読むその一回一回がすべて「成心なく」、つまり「初心で」読まれることが望ましい。そうすることによって読む度に新たな発見があり、感動が生まれるからである。おや、こんな表現があったのか！と、もう十回を超えて読んでいるはずなのに初めてでもあるかのように発見したり、気付いたりすることがある。それは、とても嬉しいことである。自分が若い心を持っている証拠であり、向上している証拠でもある。「見れども見えず」だった過去を乗り越えて、見えなかったものが見えてきたことになるのは大きな喜びだからである。

読み進めながら、私は次のようなことをする。

ア　ほ、ほう、と思った所に線を引く。
イ　いい表現だなあ、すばらしい言葉だなあと思った所に〜をつける。
ウ　これはキーワードだ、と思った所を四角で囲む。
エ　ここは大事なところだ、この表現の価値が分からなくてはいけない、というような所には小さな○を連ねたりする。
オ　子どもには、この意味は分かるまい、難しいだろうなあ、と思う所には◎を連ねたり、?をつけたりする。

こんなことをしながら、何度も何度も読むのである。何度も何度も読む度に「成心なく」を心がける。そうすることによって、読むほどに新しい発見があり、新しい気付きが生まれ、楽しくなってくる。

私は、人様の前で授業をする教材についてはどんなに少なくとも二十回は通して読むだろう。いつの間にかそのくらいの回数になってしまう。苦痛ではない。楽しいのである。

そんなことをしながら、授業をする場面や箇所を絞りこんでいく。何回も何回も読むということは、文学の文章でも説明文の文章でも変わることはない。そして、両方とも尽きぬ興味がある。しょせん、その人のその時の力以上の読み取りはできないのだ。文章を読むとはそういうことだと私は思っている。

③ 授業に都合のよいパートを絞る

ここのところを授業で使ってみようかなというところはどうやって決まってくるかというと、私の場合は「向上的変容」を実現できる可能性が高い所ということになる。

子どもだけの力で十分に読みとれるというような箇所については、何も敢えて私が授業をするまでもない、と私は考えてしまう。せっかくこの私とこの子どもとが出合い、授業という形をとって教材を読み合うのだから、それなりのメリットが大きくはっきりと具現できる箇所、範囲がよい。そう考えるのは当然のことであろう。

それは、要するに次のような所である。

カ　子どもにはとてもこの深い意味は分からないだろうという所。あるいはそういう所が含まれている表現。

キ　子どもは、きっとこの所は勘違いをして誤読をするのではあるまいか、私が指導を加えなければきっとその誤りに気付かぬままで終わるだろうという場所。

ク　子どもの力ではきっと浅く、狭く、断片的、羅列的にしか理解できないだろうというような所。

要するに、子どもの力だけでは、

読み過ごしてしまうだろう。

読み流してしまうだろう。

浅くしか読みとれないだろう。

誤った読みとりをするだろう。

偏った読みとりをするだろう。
羅列的に読みとり、構造的には読みとれないだろう。……

というような所を私は授業場面に選ぶのだ。換言すれば、

子どもの読みとりの　・不備　・不足　・不十分

が生ずるであろうという所を、何度も読み返しながら探し当てるのである。というよりも何度も読んでいると何となくそれらに気付いてくる。それらが見えてくる、のである。

五 範読

教師がすぐれた範読を示せれば、子どもに朗読の力をつけ、解釈力をつける。そのことによって国語への関心を強めることにもなる。

1 「範読」とは

「範読」というのは「（教師が生徒に）模範的に読み聞かせること」である。「範読」の「範」は模範の意であるから、朗読としての質の高さを保つ必要がある。規範的な機能を持つ音読法である。

通読の段階で「範読」を行うことは教師の解釈を押しつけることになるのでよくないという指摘があるが、その反対の主張もある。十分な教材研究を踏まえた範読は、難語句の読みの抵抗を無くし、音読の仕方も伝わるので学習者の朗読の力をつけることになる。また、解釈力をつけ、国語への関心を強めることにもつながる――とする考え方がそれである。

功罪両面を弁《わきま》えたその上で、固定的な判断にとらわれることなく、範読のとり入れの場を適宜に選択、活用することが実際的である。

2 範読のポイント

1 範読を恐れない

「模範的な読み方」という言葉に怖気付いてしまって「そんな読み方はできない」などと考えてはいけない。「模範的」というのは、教育的には「一般的」「妥当」「標準的」というほどの意と解して気軽に取り組んだ方がよい。少なくとも教師の読み方は、子どものそれよりは「一般的」であり「妥当」であり「標準的」である。そのくらいの自信は持ちたい。

しかし、相手が子どもだからと侮ることは禁物である。「範読」をしようとするならば、少なくとも十分に練習をして臨むべきである。具体的には後述するが、教師として子どもの前に立つのであれば、せめて「練習」と「リハーサル」ぐらいはしなければならない。

そういう心がけを持つことによって、教師の音読の実力もまた高まっていくのである。機会を効果的に生かすことが大切だ。

2 練習のポイント

まず特別に巧みであったりする必要はない。そういう巧みさを心がけることは、むしろ邪道と心得た方がよいくらいだ。

「妥当性」「正統性」を心がけ、次のような範読を心がければよい。

①口形を正しく

口の形を正しくすることによって声が澄んでくる。明るく、はっきりと聞こえる。十分に開かない口形では声がくぐもって暗く不明瞭な読み方になる。

②常より大きく、常よりゆっくり、常よりはっきり

教室など、その場の全員に聞かせるためには、まず大きく発声しなければならない。

また、とかく子どもの前に立つと読み方が速くなりがちである。この影響を子どもも受けて人前での読みはとかく「早弁」になりがちだが、注意しなければならない。

「大きく」「ゆっくり」「はっきり」は範読のキーワードの一つである。

③情景を描き、心情に同化する

説明文の場合には、簡単に言えば淡々とした読み方でよい。しかし文学作品の場合には、それだけでは不十分である。文意や場面、情景、心情にふさわしい読み方を心がけねばならない。

速く読む所、ゆっくり読む所、強く読む、弱く読む、大きく読む、小さく読むなどいろいろの変化を必要とする。そのための符号（「音読符号」）をつけておくことなども私はしているが、これは便利である。

大げさではない効果的な読み方の工夫を検討することは必要である。

3 「範読上」のポイント

子どもの前で範読をする場合、過度の緊張は禁物である。間違えてはいけないなどと思うとかえって間違える。間違えたら読み直せばいいのである。そのくらいの軽い気持ちで、落ち着いて臨んだ方がよい。難語句、難読文字、キーワードなどは他のところよりもゆっくり読んだり大きく読んだりすることがあってよい。いわゆる「文学の本棚」などの「文芸朗読」と「教育範読」「教室音読」とは区別した方がよい。必要によっては二度繰り返して読むところなどがあってもよい。子どものために、教育的によかれと思うことはやった方がよいのである。

範読を聞きながら、子どもが読みがなをつけたりする場合があるが、その場合にはできれば「脚注」の形式にするとよい。その語句の真下の欄外に読みがなをつけさせるのである。漢字の脇にルビをふらせると、いつでもそのひらがなを読んでしまって漢字を読む力がつきにくいからである。

また、範読をする上で、意外に難しいのが、「間」のとり方である。教師であっても「ずらずら読み」をする者が意外に多い。次のような場合はどう読むか。

　正夫の走ってくる姿が見えた。
「おうい。急がなくてもいいんだぞ。気をつけて来いよう。」
　父親は、正夫にそう呼びかけた。

第一文を読み終えたら間をとりたい。

すぐに「おうい」と初文に続けて読んではいけない。正夫の姿を認め、「おや、走ってくるぞ」と認める心の中の時間があってから、それから「おうい」となるはずだからである。

同様に、呼びかけ終わってから、「父親は」とすぐに読み継がない方がよい。「気をつけて来いよう」と呼びかけた後も、父親の目はじっと正夫に注がれていようからである。

そういう気持ちを「間」という時間で表現するのである。

こういう点に心がけて落ち着いて読んでいけば、範読の技術も徐々に向上していく。範読を負担にせず、むしろ楽しむように受けとめることが大切だ。

第三章

授業の基礎技法

一 発問

教師が解を持った上で、子どもに対してその解への働きかけをつくる。質の高い発問は、質の高い子どもの思考、質の高い子どもの理解を生むのだ。

1 発問の基礎知識

1 「発問」は現場用語

「発問」という言葉は、「問いを出すこと、問いを発すること」と辞書では説明されている。しかし、この言葉は日常生活で使うということはほとんどない。いわば教師用語、教授用語である。かといって、いわゆる専門用語・学術用語というほどの厳密性はなく、私はこのような言葉を「現場用語」と呼んでいる。

板書、机間巡視、指名、範読、斉読、音読などという言葉は、いずれも「現場用語」である。

2 「発問」と「質問」は別物

「発問」と「質問」とは区別した方がよい。両者の違いを次に対比してみよう。

項目	発問	質問
主体	教師が問う	子どもが問う
内容	分かっていることを問う	分からないことを問う
成立	意図的、計画的	単発的、偶発的
目的	教育的、指導的	解明的、解決的
性格	公的	私的
系統	系統的、発展的	非系統的、突発的

3 「発問」の教育的意義

あらかじめ教師はその解を知っている。逆に子どもはその解を知らされることなく、その解を求める材料を与えられて解に迫る。解に迫り、追求していくその過程で、子どもの思考力を練り、高めていく、つまり学力形成のためにするのが「発問」である。

発問に対する解を求めていくプロセスで、子どもたちは、物の考え方や感じ方、正しい理解、正しい情報や知識等々を身につけていくことになる。

したがって、発問の質の良否が重要な意味を持ってくる。質の高い発問は、質の高い思考、質の高い理解を生む。反対に質の低い発問では質の低い思考、質の低い理解しか生むことはできない。

「発問」の教育的意義を高めようとするならば、良質の発問を生む力をつけ、工夫をしなければならない。

4 「発問」をつくり、発するのは教師

前ページの表でも分かるように「発問」というのは公的、意図的、教育的な教師の指導行動の一つである。どんな発問をするか、どう発問をするか、どんな効果を生み出すか、それらすべての責任は教師の腕一つにかかっている。

大げさな言い方になるが、授業の成否は発問の良否によって決まり、授業の成否は、発問研究の当否にかかっているといってもよいだろう。教師は、授業における所期の目標達成に向けて、入念な発問研究をすべきである。

5 「発問」の成立とそのメカニズム

発問は、自然に発生するものではない。教師によって意図的、計画的につくり出されるものである。どのようなメカニズムによって、発問はつくられるべきであろうか。

発問は、教材の狙う理想と子どもの能力実態との間のずれがどの程度であるかを診断するためにつくられる。少なくとも、そういう目的でつくられる発問が存在する。

例えば、漢字「有」の正しい筆順を問題にしてみよう。第一画は正しくは払いであるが、横画を第一画

とする子どもも多い。

そこで、「『有』という漢字の第一画はどの画でしょう」という発問が生まれることになる。この発問によって、教材の狙いと子どもの実態とのずれを診断し、ずれに応じた適切な授業、治療ができることになる。

また、「級」という漢字の筆順と画数を正しく書いたり、数えたりできるであろうか。正しく解決することができる子どもは少ないだろうと想定できる場合には、発問によって子どもの実情を診断することになるであろう。

「この漢字はどんな順序で書くのでしょう。」

「この漢字は何画で書けるでしょう。」

というように発問したり、あるいは、

「この漢字を、画数を数えながら黒板に書いてごらんなさい。」

「この漢字をノートに書き、総画数と、旁《つくり》の筆順を示しなさい。」

という指示をしたりするのが適切である。そうすることによって、クラス全体の理解度のずれや個々のずれが診断でき、望ましい指導ができる。

6　発問の効用は個々の落差の明示

子どもたちは一人ひとり別々の能力を持っている。いわゆる個人差がどのクラスにも存在する。

しかし、それらの個人差は個々の子どもに内在されているものであり、外側には表れていない。発問は、この内在化、潜在化されている個々の子どもの目標に対する落差を鮮明にする効用を持つ。

発問をしない時には、子ども個々の落差はほとんどはっきりしない。だが、的確にして適切な発問をすることによって、個々に内在する落差が図のように顕在化され、鮮明化されることになる。

また、そういうことが明らかになるような発問でなければ良い発問とはいえないし、発問をすることの教育的意味はない。

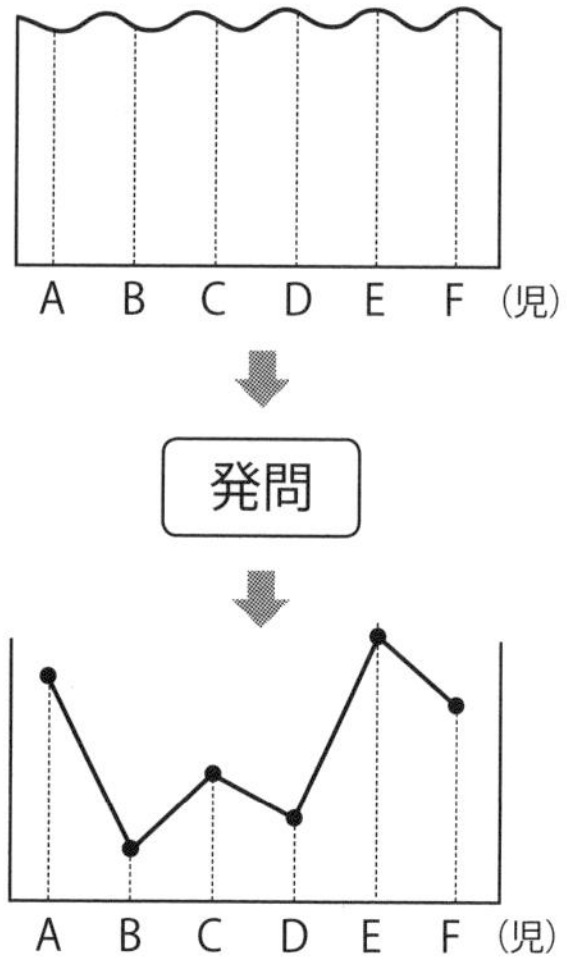

2 良い発問の条件

良い発問の条件とは何か。さまざまな視点で考察することができるのだが、五つの条件を挙げたい。これに適っていれば、まずは良問であると言えるだろう。むろんこの他にもいろいろあるだろうが、それらの点については授業者各自の工夫を期待したい。

①一義性（明快性）を持つ

聞いている内容が、一つの意味にしかとれないように尋ねるべきだ。いろんな風に解釈できるようではいけない。それを、「多義性を持つ」という。

例えば「どうしてごんは盗んだのか?」という質問は、「なぜ」(理由)を問うているのか、「どうやって」(方法)を尋ねているのか分かりにくい。一義的であれば発問の意図は明瞭、多義的であれば不明瞭ということになる。

発問は短いほどよい。単純明快であることが肝腎だ。

最近は、授業において発問自体を板書したりすることもあるが、私はそれをしたことがない。発問が明快、一義的であれば黒板に書く必要はない。問答だけで十分に伝わるのである。

聞かれていること自体は簡単だが、その答えが難しい、というのが、良い発問なのである。

②生産性(開発性)がある

その問いについて考えることによって、どういういいこと(生産性)があるのか、どんな学力がつけられるのかということが生産性、開発性である。

そんなことを考えさせて何になるのか分からない、というような問いが生産性の低い問いである。「なぞり型」「確認型」の発問は大方このレベルである。

例えば、「イナゴ」(まど・みちお　教育出版六年下)という詩で一つの発問を考えてみる。

・自分とイナゴ、強いのはどっち?

これは、良問か愚問か——。

このように二択発問にすると、意見が割れる。意見が割れるから面白いのだ。みんなが片方の意見に偏って反応が分かれないようなやさしすぎる発問では意味がない。発問に生産性がなければ、それは愚問である。

さて、この発問を良問だという人はお人好しだ。たいして考えていない場合が多い。自分とイナゴで、イナゴのほうが強いという人はいないだろうからだ。

「イナゴの方が強い」などと子どもが屁理屈を言ってきた場合はどうするか。そこで「なるほど」などと感心してはいけない。正しい解へと導くためには、子どもを否定することもしなくてはいけないのだ。

「国語に正解はない」なんてことを言っていてはいけない。発言したこと、そのこと自体は褒めたとしても、言っていることがくだらない、取るに足らないことであれば、教師はそれを否定しなければならない。

それが授業における生産性である。

③子どもの反応に差異性（多様性）が見られる

その問いによって、子どもがどのように反応するか、その反応に多様性があることが大切だ。子どもによって答えがいろいろと違うということが発問の価値なのである。その反対が、一問一答になる発問だ。先生の発問に対して、解は決まりきった一つでしかないという問答ではなんのことはない。それでは、「確認型」「なぞり型」のレベルに過ぎない。

④潜在差異を顕在化する

子ども個々の考えには、それぞれ差異があるはずだ。しかし、その「差異」は内面にあるので、そうやすやすとは表に出てこない。したがって、発問によって潜在差異の顕在化を図ることが肝要になる。

医者も、どこが悪いかは見ただけではわからないことが多い。ただし、私の恩師平田篤資先生の健診は違った。平田先生は、聴診器など当てない。例えば一本指を立てて、ゆっくりとそれをずらす。子どもがそれをしっかりと目で追えた時には、何も聞かない。目が泳いでいたりする場合には、聴診器を当てた。

私たちはそのような技術も聴診器も持たないので、発問によって顕在化を図らなければならない。

名医は、詳細に健康状態を理解しているから、たちどころに身体の部分的異常がわかる。つまり、診察の前提として、健康というものの理想状態の具体的把握ができているのだ。

理想状態が具体的に分かっている人は、小さな異常を発見できる。並の医者は、問診して見当をつける。問うて、答えてもらってはじめて異常が分かる。教師も同じである。

⑤二者択一化する

授業の中には、大事な分岐点がある。ここで間違ってはいけないというところがその一つだ。また、複雑な内容だと思われるところもそうだ。そこでは、二者択一化して尋ねることが得策だ。

例えば「この俳句はうまいか下手か」といった二者択一の発問も面白い。教科書にない無名の人の句で、発問したりもする。最後に、実はこれは私の作品だと言うと、みんなが「えーっ」と言ったりすることもあって盛り上がる。

良問をつくる大前提として、教師自身に教材の読みとりがしっかりとできている必要がある。

まずは自分の読みとりを確立しなければならない。自分が十分に内容を把握できていないうちに発問するなどというのは、おこがましい。

例えば先の「イナゴ」を教材で発問するのであれば、まずは自分がイナゴそのものをどれだけ知っているかを自問し、調べてみる。調べるには、辞書が欠かせない。他にも、あらためて「夕焼け」「稲穂」などの語意を調べ、確認しながら発問をつくってみるとよい。

持ち前の力だけで事を済ませようとする態度は、子どもに対して失礼にあたる。かつて、大村はま先生は言った。

教師というのは、持ち前の力だけでその日、その日を過ごせてしまう、危険な職業である。

3 発問の性格

1 発問のタイプ

発問にはいろいろのタイプがある。常識として知っておきたい。時と場合によって使い分けができるようになる。

①重い発問、軽い発問

主要発問、中心発問は「重い発問」である。そのような発問ばかりが続く授業ではリズムは生まれない。やさしい発問、面白い発問、滑稽な発問、からかいの発問などが適当に加わってこそ、楽しい授業になる。

軽重、深浅、ところを得て組み合わさってこそ良い授業になる。

②兎糞発問、連鎖発問

途切れてしまう、細切れになる、一問一答になる……。こういう発問は、兎糞《とふん》式である。一つの問いからさまざまな解が生まれ、それらの相互を比較検討させていきつつ、新しい問いが発せられ、さらに多様な反応が生まれていく、というような連鎖的、系統的な問いが望ましい。

③旋回発問、発展発問

同じところを何度もくるくる廻っているような発展性のない、堂々めぐりを導くような問いがある。反対に、問われ、考え、対立し、束ねられ、まとめられ、次の新しい問いが生まれ、また、高まり、深まっていくような問いがある。一つひとつの発問を検討したい。

④直線発問、曲線発問

ストレートな問いは、とかく一問一答式になりやすい。ちょっとひねってあると、子どもの考察のもろさが露呈されてきて、授業に面白みが生まれてくる。ちょっとひねった問いこそが面白い。

⑤広い発問、狭い発問

多様な反応、多様な解を生み出すのは「広い発問」である。一つの問いに、一つの解しか出ないような発問は「狭い発問」である。どちらが良くて、どちらが悪いというのではない。それぞれの長短を、それぞれの場で生かし、補い合う使い方が大切だ。

2　発問の分類

発問はどのように分類できるだろうか。ここでは、やや一般的な分類をとりあげた。いちいちの説明はいらないと思うので、要点的なコメントをするにとどめたい。

①目的別分類

発問の目的がどこにあるか、という観点による分類である。「診断や確認のための発問」、「ゆさぶり発問」、「練習発問」、「定着発問」、「深化発問」、「評価発問」といったものから、雰囲気づくり、緊張の解きほぐしなどを目的とする「楽しみ発問」のようなものまである。

②成立動機別分類

成立動機によって、「派生発問」、「予定発問」、「即興発問」、といった分類もできるだろう。あらかじめ教師が計画しておいた「予定発問」だけでは子どもの実態が軽んじられ、無視されることになる。ここに挙げた三つがすべて入っていることによって授業は生き生きとしてくる。

③つくり手別分類

「子ども主導」、「教師主導」、「教材主導」……と、つくり手によっていろいろな成立があってよい、という柔軟な認識が大切である。そして、子ども主導の場合はとくに、価値の高い問題をいかにも子ども自身がつくったように見せる技術が大切だ。子どもがその気になる。

④ 時間経過別分類

学習の始めの「導入発問」から、時間経過によって「展開発問」、「深化発問」、「総括発問」と、それぞれの段階により発問づくりのポイントが微妙に異なる。

⑤ 内容別分類

これは教材内容によって「様子や情景を問う」、「関係を問う」、「気持ちや心情を問う」、「事実や事件を問う」……等々、様々なものが考えられる。

4 指導事項と発問づくり

1 「指導事項」を特定する重要性

最も一般的な授業の形は、教師の問いかけに子どもが応える、考える、話し合うというものである。教師からの問いかけを「発問」と呼び、この良否が授業の良否を大きく左右する。優れた問いは優れた思考を呼び、愚問は愚考、愚答を生む。発問の質の良否、適否は、授業の質を決定する重要な鍵である。

そこで「発問道場」と呼ぶ教師向けの演習の会を何度か開き、これは好評を博したのだが、繰り返しているうちに私は不安を持った。回を重ねてもどうも良問をつくる力が会員の身についていかないのである。

こんなに続け、重ねても、参加者に良問をつくる力がつかないのは一体なぜなのだろうか。それを考えて気付いたことがある。

要するにそれは、「何を教えるべきか」という「指導事項」が分かっていないからではないのか、ということなのだ。教えるべきことが分かれば、それを教えるための発問は自ずと決まってくる。逆に、教えるべき事柄が分かっていないのに問い方を考えるというのは、本末の転倒ではないか。

発問づくりの前に必要なのは、「指導事項」の解明、特定だったのだ。

国語科の授業が不人気かつ効力感に乏しい最も大きな理由は、要するに「何を教えればいいのか分からない」ということである。「どう教えたらいいか」という「方法」以前に、「何を」教えるべきなのか、という「内容」が分かっていない。そのことが大きな問題なのだ。

2　発問づくりの手順

その問題を打開するために作成したのが、83ページのシートである。まず、下方の波線の下に示された「案例」を見ながら、表の①から④までの欄の使い方を述べることとしよう。

①理想状態の具体的把握

算数の授業を例にとる。7＋8＝15　これが正解である。14も16も、13も17も誤答である。誤答と決められるのは正解の15があるからだ。国語の授業でも同様の原理を生かすべきである。15という正解が国語で言えば「理想状態の具体的把握」ということになる。それが分かっていないと、子どものどんな答えも否定できない。国語には正解がなく、個々の子どもの考えを大切にするのだ、などという人があるが、それは誤りだ。感想ならそれでもよいだろうが、読解もまたそうだというのなら、読解力という概念そのものが成立しなくなる。

読解上「このような理解、解釈が正しいのだ」ということを教師自身が具体的に把握しておくことが、授業の大前提である。それが分からなければ指導はできない。

② 子どもの実態（三不）

先の読解上の正解を教師なりに決めた場合、子どもはそのような解には至れず、その解釈、理解に不備や不足や不十分さ（三不）を見せるだろう。これは、未成熟な子どもにとっては当然のことで、私はこれらを「子どもの抵抗と限界」とも呼んでいる。子どもの三不を見抜く鍵は、具体的に把握された「理想状態」という教師のフィルターである。シート下部の波線の下に示した「ごんへの認識の未熟」事例がよい参考になるだろう。

③ 指導事項

具体的に把握された解釈上の理想状態をフィルターにすれば、子どもの三不がいろいろとフィルターの網にかかってくることになる。むろんこれらはすべて教師の側からの「予測・予想」である。それらが仮に適切、妥当な予測であったとすれば、それらが「指導事項」として特定されることになる。だが、教師の予測、予想した「指導事項」が果たして妥当であるかどうかは分からない。子どもは教師の予想に反して、読解を誤ることなく適切な理解を示すかもしれない。あるいは、教師の予想どおりの不備や不足や不十分さを見せるかもしれない。それらの当否を探るのが「発問」である。

蛇足になるかもしれないが、医療を例にすると分かりやすい。患者が訴えた症状を聞きながら医師は病因を推理する。その推理、予測に基づいて聴診器を当てたり、レントゲンを撮ったり、触診したりして「診察」をする。そして、まず間違いなかろうという診断を下す。診断に基づいて投薬や施術という「処方」をする。この処方が適切であれば、患者は病気から解放されて元気になる。

授業も、原理としては医療と同じである。「診察」に当たるのが「発問」である。発問によって、患部の特定、つまり「指導事項」が具体的に特定されてくる。これが「診断」に当たる。指導事項が決まれば、残された処方、つまり「指導」はさほど難しいことではない。本人にその三不に気付かせて直させればいいし、自分で直せなければ、教えてやればいいのである。

④ 発問

前項③の解説では、「発問によって指導事項を特定する」という言い方をした。これは、誤りではない。しかし、実際は「これを指導する必要があるのではないか」という「指導事項の仮説、仮定」が先にあって然る後にそれを確かめるべく発問をする、ということになる。そこで、シート上には指導事項を③として、④の発問に先行させる形で位置付けてある。

①から③に至る手続きを経ることなく、いきなり「発問づくり」をし合ってきたのが、これまでの「発問道場」である。このシートの開発、改善によって「発問づくり」の力はかなり高まるであろうことを期待している。

なお、シート中の「視点」については、ここでは省略する。

指導事項、発問　精選・作成　演習用紙 会場	年　月　日(　)		
教科・領域	教材名　・p　～p	社・学年	氏名

① まず、該当範囲の内容や解釈の理想状態を具体的に把握する。　(素材研究による理想状態の具体的把握)
② だが、子供はこんな不備、不足、不十分を見せるだろう。　(子供の抵抗と限界を具体的に予測)
③ 故に、次の如き複数事項の指導を加える必要がある。　(指導事項のレベルにまで砕く)
④ その事項を身に付けさせるにはかかる問いが必要かつ有効だ。　(端的、明快な発問を作る)

視点 1 教材内容と教科内容　2 読字力、語彙力、文脈力
3 学力形成要素６項　ⅰ入手、獲得　ⅱ訂正、修正　ⅲ深化、統合　ⅳ反復、定着　ⅴ上達、向上　ⅵ活用、応用

① 理想状態(具体的、正解) (かくあるべし)	② 子供の実態(三不) (だが、かかる状態だろう)	③ 指導事項 (そこで、次を指導する)	④ 発問 (その為に、我かく問う)
案1			
案2			
案3			
案4			
案例　「ごんぎつね」の場合 始めに登場する「ごん」は極めて性悪の小狐だ。いたずらは度を越して悪質だ。	子供はそれが分からず、同情的、好意的な狐として読み誤るだろう。これは、本文を忠実に読まないからだ。	悪戯の重大さ、酷さを正確に読み取らせ、ごんの悪質な正体を読み取らせなければならない。	ア ごんの悪戯をどう受け止めるか。プラス感情かマイナス感情か。 イ 「菜種殻に火をつける」というのは、村人にはどんなことなのか。

Memo 1	Memo 2

平成24年9月1日改訂

二 板書

必要なことが必要なときに必要な場所に、分かりやすく書けているかどうかが板書の要諦である。

1 板書の技術

1 黒板がなかったら

もし、教室に黒板がなかったとしたら、それはずいぶん不便なことであろう。どんなことでまず困ってくるのだろうか。

すべての授業が音声言語のみに頼ることになるから、例えば「円」とか「平行四辺形」とかという図形の説明はずいぶん厄介になるだろうし、その正確な認識はおそらく望めないことになるだろう。また、キーワードなども書けないので、その理解も記憶もずいぶん中途半端なものになるのではあるまいか。

黒板がもしなかったら、と考えると、授業における黒板の大切さや役割が改めて分かってくる。黒板の機能を十分に発揮させたいものだ。

2　板書本来の目的

しかし、板書の技術が独立してことさらに重要視されることを、私はあまり積極的に支持しない。発問や指示、あるいは説明や助言に比べれば、授業における板書の重要度はかなり低くなる。

板書は、発問や指示、あるいは説明や助言をいっそう効果あらしめる補助手段であり、従属的な教具であり、それが板書の本来の役割だと、私はとらえている。仮に、板書研究が大切だという場合でも、板書研究だけが独立して論議されるほどの価値はないと考えている。

板書研究で大切なことは、要するに

本当に必要なことが書いてあるか。

という一点に尽きる。

必要なことが
必要なときに
必要な場所に
わかりやすく
｝書けている。

板書のしかたを一言で言うならば、これだけで十分である。あとは、その応用、変化をいろいろと工夫してより良いものにしていけば十分だ。

3 「必要なこと」とは何か

板書されるべき内容・事柄には、次の四つがあるというのが一般的な考え方として知られている。

①問題、課題などの学習のきっかけ
②問題を解いていくに必要な資料、材料
③重要な知識、学び方、用語等
④結論、要点などによるまとめ

教科や領域の特性によって、これら四つの中のどこに重点が置かれるかは異なってくる。また、同じ教科でも、題材や教材によって力点の置き方も違ってくる。機械的な適用ではいけない。いつでも原則、原理は状況に柔軟に応ずるように活かされるべき性質のものである。

ごく簡明にそれぞれのポイントを説明しておくこととしよう。

①問題、課題などの学習のきっかけ

その時間にどんなことを学習するのかということが、これによって示される。「かけ算」とか「公民館の役割」とか「ごんぎつね」というようなタイトル、表題もこの中に入るし、「なぜ大造は銃を下ろして

しまったのか」というような、本時で考えさせるべき問題の形で示されることもある。いずれにせよ、これが本時になすべきことの骨格、あるいは概要を示すことになる。

ここで、私が「骨格」あるいは「概要」を示す、と書いた点に注目して欲しい。それは、端的、簡潔をもって旨とする。こみ入ってややこしいのはいけない。それは「骨格」ではない。

多くの授業は、次のような形で「学習問題」を提示することが多い。

ア　おばあちゃんの話を聞いたマサエは、どんな気持ちだったのだろう。
イ　おみつさんと大工さんの心を結びつけたものは何だったのだろうか。
ウ　おみつさんは、どうしてわらぐつを作ったのか。また、どんな気持ちで作っているのだろうか。
エ　大工さんは、どうしておみつさんの作ったわらぐつを買ったのだろうか。

これらは、必ずと言っていいほど、黒板の右側に書かれ、それが色墨で四角に囲まれる形をとる。模造紙に書かれて貼られる場合もある。いずれも、きちんとした「文」の形で書かれている点が共通している。

私は、そういう提示をしたことがない。私の板書はもっと短く、例えば先の例なら次のように示す。

ア　マサエの気持ち
イ　二人を結びつけたもの
ウ　なぜ作ったか
エ　なぜ買ったか

これらはいずれも「骨格」であり、キーワードである。短く、端的で、的を射ている。必要最小限の言葉である。

こういうキーワードだけで、子どもが課題の内容を摑めるように育てておくことが望ましい。長く、だらだらとした表現をすべて「板書」にする必要はない。

②問題を解くのに必要な資料

国語科で言えば、子どもが答えた言葉、あるいは指摘した表現、対立した意見などをかいつまんで板書することになる。問題にすべき表現や発言が、「問題を解くのに必要な資料」ということになる。

算数科で言えば、ある問題に対する何人かの子どもの何通りかの解を、小黒板などで提示することがこれに当たることになるだろう。

これらを手がかりにして、話し合いや練り合い、磨き合いが行われることになる。この段階で注意すべきことは、

「望ましくない解」ほど、「必要な価値ある資料」となる

ということである。

とかく、問題となる解が出されると、「他にありませんか」というようにして正解を求め、不都合な解を葬ってしまいがちである。こうすることによって、盛り上がるべき論議のチャンスをむざむざと失う例

が多い。もったいないことだ。

③重要な知識、学び、用語等の束ね

問題を解いていく過程でさまざまな討論や話し合いがなされるが、そのプロセスで、大切な知識や、原理、原則、学び方のヒントなどがいっぱい生まれてくる。それらを、機を逸することなく、板書に書きとめ、印象づけて整理し、会得、習得せしめることが大切である。

これらは、実際の子どもの活動や作業、つまり体験を通して導かれる知識、原理、原則なので、子どもたちにとってたいへん分かりやすく、納得しやすいという高い価値を持っている。時と所を得て、有用情報を会得させるわけである。これらを、私は学習授業における「束《たば》ね」と呼んでいる。

これらがないと、だらだらとして締まりもまとまりもない授業になってしまう。授業の効力感がはっきりしないことになる。私は、通常これらの事項は黒板の左側にまとめて書くことにしている。

④結論、要点などによるまとめ

授業を締めくくる段階での板書であるが、それは必ずしも授業の最後だけとは限らない。授業進行の節々で、いくつかのまとめが生まれてくるということもあるからである。

しかし、一般的には、授業の始まりの段階で提示された本時の課題や問題が終末段階で決着し、その成果が板書として形を整えるということになる。

4　板書の機能特性を生かす

黒板に白墨や色墨を使って必要情報を書くことが「板書」であるが、板書の機能や特性を知ってその活用や発揮に努めることが大切になる。板書の機能特性の一つは「すぐ書ける。すぐ消せる」という点にある。とりわけ「すぐ消せる」という機能に注目すべきである。正解、正答ばかりを書く教師は、板書の「書ける」という機能しか使っていない。たいへん惜しいことだ。

問題のある答や、解答をどんどん黒板に書いていき、練り上げや話し合いのプロセスでそれらが訂正されていくようにすることが最も望ましい。つまり、授業全体が成長過程として板書の上にも反映し位置付けられることが望ましいのである。

2　板書文字の書き方

1　板書文字の書き方のコツ

板書は苦手だ、という人は意外に多いものだ。しかし、板書は「巧みさ」よりも、実は「明快さ」を重んずるものであるから、文字の巧拙などはさほど気にしなくてもよい問題である。

それでも、という向きには、板書文字をきれいに書くための次のようなコツを心得ておくとよい。

・いったん止めて起筆する。

・ゆっくり書く。
・十センチ角ぐらいの文字で書く。
・横画のそれぞれを平行、等間隔に書く。
・ひらがなは心持ち小さめに書く。

これらを心がけつつ板書してみてほしい。それを自分で眺める。きっと見た目が変わってくるはずだ。これらを念頭に置くだけで、板書に多少は自信を持つことができるようになるだろう。

2 子どもが分かる板書の条件

子どもにとって、分かりやすい板書と分かりにくい板書とがある。分かりやすい板書は、次のような条件を備えている。

①構造性
②簡素性
③具体性

以下、いくつかの例をもとに説明をしてみよう。

① 構造性

例えば、何かの手順や方法を示す場合、

「具体例」と「解説」

という構造で示す。リード線等を駆使して「解説」と「具体例」を関係づけるといったことでその構造は、より理解しやすくなる。（図A）

また、「観察記録文」などの書き方では、

「見出し（タイトル）」と「具体的説明」

という構造で示すとわかりやすい。見出しだけをたどれば概略の理解ができ、具体的説明と組み合わせることによって詳細な理解ができる。（図B）

さらに、抽象概念の解説を板書する場合には、

「図解」と「説明（一般例と特殊例）」

という構造で示すこともある。文字、文章だけでなく、図解によって理解を助けるのだ。（図C）

また、見出しやキーワードを明示し、強調する工夫を考えて具現する（例・色墨、枠囲み、波線など）、並列な事項やポイントなど箇条書きの際は

・番号をふる

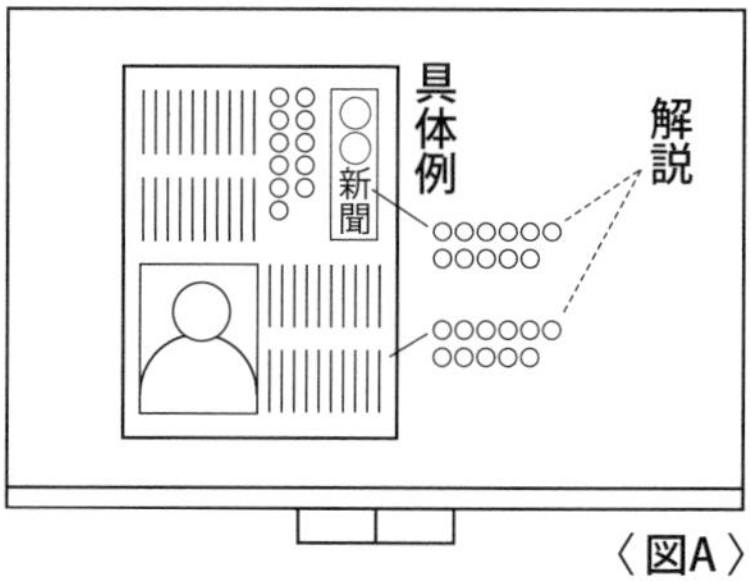

〈図A〉

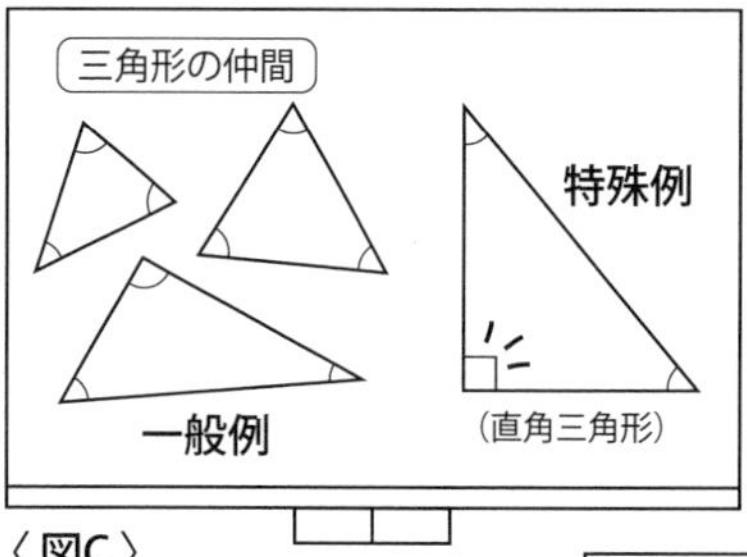

〈図C〉

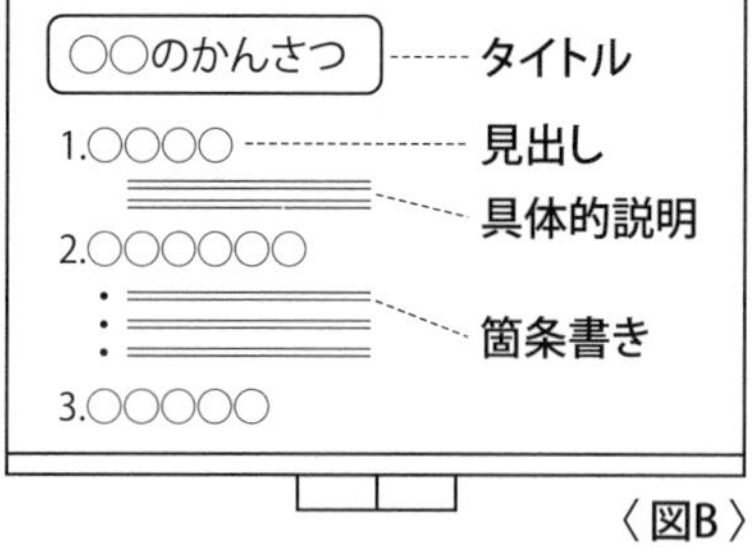

〈図B〉

・ポツ（・）をつける
・高さをそろえる
といった構造による配置、板書デザインを考えることも必要であろう。（図B）

②簡潔性

先にも述べた通り、板書はできるだけ簡潔な表現を用いた方がよい。そうすることにより、作業時間上も効率がよいだけでなく、何より子どもにとって分かりやすくなる。例のように、文よりも語句やフレーズで板書する。

（例）

・ノートは、よごさないようにする。 → よごさない。

・三文字分ぐらいあけるときれいに見えるようになる。 → 三文字あけ

・書き始めは一字分下げる。 → 一字下げ

「子どもにわかる板書」は、まず、言葉がやさしいということである。また、文章表現は、努めて簡略体で示し、骨格を理解させる。低学年のうちから、できるだけ簡略表現に慣れさせていくことも指導の一つである。

子どもの学習訓練を重ねていけば、このような簡略な板書でも十分に通じるようになってくる。

③具体性

具体的事象を抽象化する力、抽象概念を具体的にくだける力、その相互作用の中から「思考力」が育っていく。

板書では、「具体性」と、そのまとめとしての「抽象性」とのバランスをどのように保たせるか、ということが大切な条件になる。どちらに傾きすぎても「分かる板書」にはならない。具体的な実物・事例と照応しながら板書していくのが良い。また、なるべく子どもの発言を吸い上げて板書の内容を構成したい。

さらに、機会を見つけては関連用語を教えていく。

例えば、算数の図形において教科書の用語掲出が「円」「中心」「半径」の三つだけであったとしても、「半円」「扇形」「直径」「円周」の四語にも触れておきたい（解説をすればすぐ分かる程度の言葉だ）。

また、板書の図形は、正しい器具の用い方の示範をしつつ、正確に描くことが大切である。フリーハンドではなるべく描かないようにしたい。

そして、板書全体としては「すっきり」していることが大切である。

三 ノート指導

ノートは、生産的、記録的、練習的に利用されなければならない。そして、ノート作業によって全員を授業の当事者にするのだ。

1 ノート指導の極意

1 ノートの三つの機能

ノートをとる場合、我々は次のいずれかの目的を持っている。

ア 知的生産、思考、吟味等の契機や根拠とする
イ 知識を整理し、記録し後に備える
ウ 練習、訓練、上達のために用いる

この三つはずばりと次のようにも言える。

ア　生産的　（知的生産基地）
イ　記録的　（知的保存基地）
ウ　練習的　（技能上達基地）

一般的には「ノート指導」といえば「イ」を指し、美しく、ビジュアルで、整然としているものをもって範とする。理科や社会科のノートがこれに当たる。むろん理科や社会科のノートに「ア」や「ウ」が全く含まれないということではない。

また、算数や書写、漢字練習のためのノートの主たる機能は「ウ」に当たると言えるだろう。これとても、それだけと言い切れるわけではむろんないが――。

大体のところ、右のように三つに大別できるということについては経験的にも理解できることと思われる。しかし、ここで中心的に述べたいと思うのはノートに関する「ア」の「生産的機能」についてである。

2　知的生産基地としての○×

我々は常々物事を思い、考え、判断し、新しい知的価値を生産し続けている。ノートをとる、とらないにかかわらずそういう知的な思考活動を我々は日常的にはしているのである。

学習指導では、常に子どもたちの知的な思考活動を活発にさせるべくあの手この手が用いられている。良い授業、すぐれた授業では、子どもの活発な生産的思考を常に保障しているという手立てそれである。

子どもの中には活発に、積極的に思考をする子もいれば、そうでない子もいる。ぼんやりと成り行きを眺めているだけの子どももいる。そういう子どもたちを、もっと積極的に、もっと前向きに、もっと活発に、思い、考え、物を言うような子どもに変えていくことが教育であり、指導であり、授業である。

傍観的な態度をとり、授業に集中していかない子どもを望ましく変えていく上で、ノートの果たす役割は大きい。そもそも傍観的な態度をとる子どもというのは授業に対して興味や関心が薄いのである。だから集中しないのは当然と言えよう。

ところで、人はいったいどんな時に対象に対して積極的な関わりを持つのだろうか。反対に、どんな時に「関係ない」と思うのだろうか。その境目はどこにあるのだろうか。私は次のように考えている。

自分の立場が決まると他者のことが気になってくるし、他者のことがらに関心を抱くようになる。

運動会で紅白に分けると自分の属した組の勝敗が気になってくる。自分のクラスと隣のクラスとの球技対抗ということになれば、自分の属するクラスの活躍に一喜一憂する。これがどこぞの学校のクラス対抗であればどっちがどのようになろうとも自分にはたいして関係もない。したがって関心も薄い。これが傍観者である。

傍観的立場から当事者的立場に変えていくためには、まず「自分の立場」をはっきりと自覚させる必要がある。そのために常用する私の技術が「○×方式」である。

例えば次のように子どもに指示する。

・賛成ならば○、反対ならば×を書きなさい。

・AとBのどちらかに決めてそれを書きなさい。

・山田君と鈴木君と大川君の意見が出たが、「これはおかしい」という一人を選び、その名前を書きなさい。

これらの指示はいずれも自分の立場を明示し、自覚させることに役立つ。自分の立場や考えを自覚することによって他への関心が増し、他者が自分と強い関わりを持った存在となってくるのである。

この後、「なぜ、そう考えたのか」「その判断の根拠を書け」というような指示をすれば、どうしても自分で内省し、思考しなければならなくなる。これが、知的生産の発動、発現である。

○や×、AやBなどを書かせるという背後にはこのような論理があるのである。

3 ○×方式の問題点と対策

○や×、AやBを選別して書かせる方式の長所は上述のとおりだが、このようなノートに対して「後で見ても何のことか分からない」ということがよく指摘される。そのとおりである。もともとこのノートは「知識を整理し、記録し、後に役立てる」ための「記録的」な狙いをもってはいないからである。あくまでも「知的生産基地」としての機能を重視したノートだからである。

それにしても後で見返して何の役にも立たないのでは寂しい。それを補完するには○×の上に小さなタイトルメモをつけさせるとよい。

例えば次のようにする。

・ごんはもともと良い狐か　×

・ごんのいたずらを好意的に見るか　○
・いちばんひどいいたずらは　菜種がらに火をつける

このようにタイトルメモを併用することによって後で見返した場合にも学習のあらましを想起することができる。

4　形成的評価としての○×方式

私はこの○×方式を授業の中にしょっちゅうとり入れている。四十五分の授業の中で必ず六、七回はとり入れる。参観を初めてする人は「多すぎないか」とよく言うが、私はそんなことはないと答えている。授業時間中は片時もぼんやりしている暇がない、というのが私の授業の特長だからである。そして、子どもが疲れるからこそ「休み時間」が楽しみになるのである。

また、授業中は時々刻々子どもを評価し、子どもの学習状況を把握する責任が教師にはある。形式的に評価を継続していくためにも○×方式の頻繁なとり入れは大切なのである。

さらに、○・×をつけさせるということは、子ども自身の自己評価にもなる点で重要である。いつでも○・×をつけさせられるということは、ぼんやりと友だちの話を聞いてはいられないということになる。子ども自身が相互に評価をし合いつつ学習するという点でもこの方式は効果的である。

なお、○や×をつけさせることは判断の結果を明示するということである。だから○×をつけさせさえすればそれでよいと考えてはいけない。それでは判断の結果の明示に過ぎない。肝腎なことは、「判断の妥当性」を検証し、自分の判断の公正さと妥当性とを高めていくことである。そのためには、○や×の根拠をきちんと持たせ、かつそれを発言できるように習慣づける必要があるのだ。

これをしないと「いいかげんな判断」、「でたらめ○×」が生まれる。子どもに「なぜか」と問うとうまく答えられないことが多い。また「何となく」などと答える。しかし、これを許してはならない。

これは「何となくなぜそう感じたのか」とつっこんで問いつめていくべきである。また、子ども自身がそのように自問し、自答するように導くのである。そうすることによって論理的思考力を身につけた子どもが育つことになる。

5　発言の一つとしてのノート

子どもが思うように「発言しない」ということが多くの教師の共通した悩みの一つである。

しかし、それは誤認でもある。教師が子どもたちに最も多く日常的に発する言葉が「静かにしなさい」「口を結びなさい」というものであることによっても誤認は明らかだ。多くの子どもは「発言好き」なのである。

ただし、授業中となれば別なのだ。

授業中に「発言しない」最大の理由は、「答えるべき中味」が不明ということだ。いきなり問われ、いきなり答えるというのは大人にとってさえ難しいことだ。しかし、十分な時間を与えられ、また他人の目から解放されれば別である。

この二つの条件を満たしてくれるのが「ノート発言」である。ノートに書くことはそのまま一種の「発言」なのだ。

立ち上がって声に出して言うだけが発言ではないのである。問題は教師がそれを発言の一つとして聞く耳、気付く眼の持ち主であるかどうかということが問題なのである。

教師が発問をしたら、それに応えてすぐに挙手する子を期待し、求めてはならない。そうではなく、問うた後には必ず「ノートに答えを書きなさい」と促すのである。ノートに書くならば他人の眼は気にならない。反射的に答えなくてもいい。じっくりと考えられる。その際にも「短く、ずばりと一言で」ノートに書くようにさせるとよい。

机間巡視によって教師は子どもの「ノート発言」に目を通し、指名者を決める。子どもは予めノートに発言内容を書いているのだから「いきなり発言」ではなくなる。安心して発言ができる。このような発言の前段となるノートのさせ方も大切なのである。

常々私は先生方に次のように求めている。

「発問―挙手―指名」方式を改めて、「発問―ノート作業―机間巡視―指名」方式にすべきである、と。この方式の中でも○×システムは大きな力を発揮する。96ページに示した「イ」、「ウ」のノート機能については、103ページからの「ノート技能」の項で述べる。

2 ノート作業は全員参加の基本

1 個々全員を「当事者」に

全員参加の意については二章でも述べたが、ここではノート指導の観点から触れておきたい。

「目立たない子だった」「ごく普通の子だった」という言い方は「特別の存在感」が感じられなかったということである。「一人ひとりに存在感を」というのは、自分の存在を自覚的、意識的、積極的に弁えさせるということだ。「自分がここにいる」「今、これをしているのだ」と自覚させ、その積極的意義を認識させることである。

授業では俗に「お客様」と呼ばれる子どもがいる。「座っているだけ」という意味である。「お客様」の多い授業はレベルの低い授業である。多くの子どもがぼんやりしている。意識が眠っている。そういう「酔生夢死」のような授業をつくってはならない。

そのためにはどうしたらよいか。一人ひとりを「当事者」にするのだ。「当事者」とは「そのことに直接関係を持つ人」の謂だ。反対が「傍観者」で「そのことに直接かかわらないで傍で見ている人」である。すぐれた授業とは、要するに一人残らずの子どもを傍観者でなく当事者にすることであり、そのことが「一人ひとりに存在感を」持たせることになるのである。

2　行動の強制が判断を促す

動物というのは「動く物」の謂だ。動くというのは一つの行動であり、動物は必要に応じて動き、行動する。この「必要」というのは、人間の場合は「判断」に当たる。どのように判断するかは人によって異なる。横着者は動くまいと判断し、前向きの人間はやってみようと判断する。したがって、またその判断はその人の「価値観」に左右される。行動を支える「判断」「価値観」の有無こそが「存在感」を左右するのである。

常に子どもを自覚的、意識的にあらしむべく「価値観」をゆさぶりつつ、子どもに「判断」を強い続ける時、子どもは「存在感」を実感するのである。常に「価値観に基づく判断」をさせ続け、「当事者意識」を持続させることがすこぶる肝要なのだ。

然らば、子どもを常に「判断」の場に追いこむにはどうしたらよいか。

それは至って簡単だ。要するに「行動」をさせればよいのだ。「行動」を強いれば、子どもは「判断」せざるを得ない場に追いこまれる。かくて子どもは悩み、考え、自分の立場を決めざるを得なくなる。このように自覚的、意識的、積極的な思考作用をしている時がつまりは子どもが「存在感」を味わっている時なのだ。

傍観者ではなく、「当事者」になった時、人は著しく「存在感」を持つ。

「○か×か」と私は問う。そしてそれを「ノートに書け」と命ずる。このノートに書く、というのが「行動」である。行動の強制は、そのまま「判断」をリアルタイムに要求することになる。かくて、一人ひとりの子どもが「当事者」になり「存在感」を持って授業を受けることになり、「全員参加」の授業が成立するのだ。

3 「ノート技能」を伸ばす

1 必要性の薄いノート

次に、子どもの側からノートの必要感を考えてみたい。

私たち大人にとって、手帳やノートは日常生活の必需品であり、一日たりともこれと縁を切ることができない。私は、すべてのことがらをもっぱら一冊のルーズリーフに記録をするので、もし、この一冊をどこかに置き忘れたり、紛れこませたりしようものなら、もうそこから先は絶望的になる。

私にとって、その一冊のルーズリーフは、まさに備忘の種であり、知的生産の源であり、プランニングの助っ人である。私はこれを「常携手帳」と呼んでいる。私にとって、この手帳は無くてはならない貴重品である。

さて、子どもにとってのノートというものは、私の場合ほどには生活の必需品とはなっていないようである。例えば、授業中のノートを考えてみても、ノートをしようとしまいと、その利害はたかだかテストの点数の何点かを左右するに過ぎないだろう。テストの点数にこだわりを持たない子どもにとっては、ノートをとることはたいして意味を持たないことにもなる。

正直なところを言えば、子どもにとってのノートは、一種の形式的学用品の一つであって、アクセサリー的存在になっているようにさえ思われる。だから、教室の子どものノートを仔細に調べてみると、あまり後の役には立たないだろうと思われるノートも多いことに気付く。

子どもにとって、ノートが最も実用的に機能するのは、おそらく算数のノートと、毎日の授業予定を書く連絡帳の類ではあるまいか。算数のノートは、筆算をする場合に欠かすことができないし、予定ノートは明日の用意をする上で欠くことができない。

しかし、子どもの生活一般からすれば、むしろこのようなノートは例外的であり、普段はノートをしなければならないという必要性、あるいは必然性には乏しいと言える。

2　必要感を持たせる指導

日々の生活で必要な事柄や技能は、子どもたちもきちんと身につけていく。衣服の着脱や食事のとり方などは、いち早く、誰でもが身につける。しかし、衣服の畳み方や整頓の仕方、あるいは食器の洗い方や後始末等の技能はなかなか身につけはしない。結局は、日常生活における必要性、必要度が、技能習熟の度合を決めていくことになるのである。

してみれば「ノート技能」を伸ばすには、まず子どもたちをして「ノートが必要な場に立たせること」「ノートをとることの必要感を持たせること」が大切になってくる。そのようにするには、どのような手立てが考えられるだろうか。私の実践の中から二つほど紹介してみよう。

①ノートさせない授業をする

なるべく、覚えることがたくさんあるような授業、例えば社会科や理科の時間に、ノートに書いてはいけない、と言う。そして、後でテストをするから、よく聞いて頭の中に入れておくように、と指示する。そして、そのように実際に行った後で感想の話し合いをさせると、どの子もノートの大切さに気付くようになる。

立ちどころにノートの大切さを分からせるには、算数の授業中、ノートの使用を禁じてみるのが得策である。筆算の手段を奪われた子どもたちは、ノートの有難さを実感する。本当に世話になり、日常的に助けられていることほど、その有難さを忘れがちである。たまには、このような手を使って自覚的に物事を見つめさせることが必要だ。

②教師のノートを見せる

教師の実際の行動を示すことほど、子どもにとって有益な教育はない。私のルーズリーフには、見出しラベルがついていて、次のような内容が盛りこまれている。

・月予定　一か月一頁、罫線のみ
・住所録　必要な官公署、知友等々
・句歌稿　歳時記一覧と白紙ノート
・原稿案　論文や講演のプロット案
・時刻表　鉄道地図と必要全時刻表
・自由帳　ルーズリーフ約十五葉

これらの構成と、その実際の使われ方を示し、このようにノートを常に生かすことによって、多忙な毎日を効率的に過ごしている事実を理解させるのである。子どもの頃から、このような「ノート技能」を身につけておくことの大切さを話せば、どの子も納得する。

3　身につけたい四つの技能

一口に「ノート技能」と言っても、その内容がはっきりしないと、指導ができない。とりあえず、ここでは四つの技能に分け、ノート技能を分析してみる。

①図解、表解の技能

小、中、高校生のためのいわゆる学参物には、明快でビジュアルな図解がふんだんにとり入れられている。最近は大人向けのものにも多くみられるようだ。「ノート技能」の中で、非常に重要なものが、この図解、表解の技能である。

望ましい図解や表解ができるということは、そのような構造が見ぬけるということでもある。授業の中で、努めてこのようなノート技能発揮の場を設けたい。

② 備忘のためのメモ技能（知的情報保存基地としての活用）

ふだんノートなどをほとんどとらないような子どもでも、工場や郵便局の見学などで係の人の説明を聞く時には、一生懸命にメモをとり始める。その様子を見ていると、ちょっとした記者気取りのようなものを感じることがある。カッコイイのである。

また、帰校後の学習に備えて要点を忘れないようにメモしておく、という必要性の自覚もあるのであろう。教室の授業ではメモなどしない子どもがこういう場面になるとせっせとメモをする事実は、注目に値する。「必要感」と「カッコよさ」は、意外に子どもをひきつけるものらしい。

この二つの要素を、授業の中で生かせたら、子どものノート技能はもっとずっと高まるのではないだろうか。

③ 楽しみのためのノート

一年生のノートに「おえかきちょう」という不思議なものがある。テストなどが済んでしまったちょっとの時間を、落書きのような絵をかいて楽しむのに用いられる。

ほとんど子どもの学力形成には役立たないようでありながら、「楽しんでノートにかく」という大切な活動がなされている。目的を持ち、楽しんでそれに向かうという行動自体の価値は大きい。

私も、電車に乗った時、あるいは退屈な講演や講義を聞く時、ぽかっとフリーの時間を得た時など、心に浮かぶ「由無し事」を、あれこれノートに書き散らすことをする。いわゆる「楽しみのためのノート」である。そんなフリーメモが、後で意外に役立つこともある。

こういう習慣は、やはりつけた方が良い。こういう趣味を身につけるのは良いことであるに違いない。この趣味を楽しむためには、筆記具とノート類だけはいつでも身につけていなくてはならない。そういう生活習慣を身につけるだけでも、それは大変に価値のあることであろう。

④ 情報生産のためのノート

頭の中には、常に様々の想念が浮かんでは消え、消えては浮かんできている。目が覚めている間は、人の脳は常に何らかの思考活動をしている。その質の高低はともかくとして、万人が何らかの思考に携わっているということができる。

しかし、それらの大方は形を成すことなく雲散霧消してしまう。「情報」にまでならず終いになる。これはもったいないことだ。私は思いついたことをノートに書きとめ、後にまたそのことについて思いをつなぐようにと努めている。

そうすることによって、自分の考えが次第に太っていき、豊富になり、構造付けられ、秩序を整えてくるようになる。そして、やがてそれがまとまりのある情報にまで成長する。「まとまりのある情報」にまで成長させるには、ノートは欠くことができない。ノートに書くことによって、想念に形が与えられるからである。

こういうノート技能を子どもたちの身につけてやらなければいけない、と思う。

4 ノート技能を伸ばす方法

上手にノートできる技能を子どもの身につけることはとても大切である。どのようにすれば、先に挙げたような技能を伸ばすことができるであろうか。

私は、よく子どもたちのノートを見て回る。机間巡視をしばしば行い、子どもたちのノートの実態を見て回る。そして、上手にノートしてある子どものノートを見つけては、子どもたちを集めてそのノートを見せることにしている。

上手なノート、というのはどのようなものか。それは、例えば次のような条件を備えたノートを指す。

①タイトルがあるノート

例えば物語文の登場人物を書くという場合、

登場人物――爺さん、婆さん、孫

というように、見出しがきちんとつけられているノートは、良いノートである。

見出し（タイトル）をつけるということは、構造的な要約がよくなされている、ということである。

②高さを考えて書いているノート

登場人物――・爺さん
・婆さん
・孫

このように、タイトルの下に書かれることがらの概念レベルがそろえられているのは、いっそう良いノートである。

③重要なポイントがわかるノート

登場人物――・爺さん
・婆さん
・孫

さらに、中でも主要な人物や、キーワードになる語句などに囲みやマーカーで強調が施されている場合、その内容のポイントとなる部分を理解していることが分かる。

このようなノートをしている子どもの実例をとりあげて褒めてやるのである。そのようにすることがノート技能を伸ばすことになる。ノート技能を伸ばすネタは、身近なところにありそうである。

さらにこれからは、ノートに代わるカードメモ、カード記録の技能も大切になってくる。カードの効果的な活用法なども高学年児童には大いに役立つことになる。とりわけレポートや創作には大きな力を発揮することを承知したい。

四 机間巡視

個々の理解度、反応を診断し、不備を補うことに机間巡視の意味がある。一斉指導の中での点検、診断、視察をするのである。

1 机間巡視の本質

1 机間でするのは「巡視」

表題に注意して欲しい。机間「巡視」と書いてある。今、大方のところが「机間指導」と言っているようである。誰が言い出したのかは不明にして知るところではないが、たちまち流行し、普及した用語だ。机間巡視の「巡視」という言葉が、いかにも「視察的」「監督的」「管理的」なイメージを与えるのに対して、「机間指導」という言葉は、ソフトで、耳障りでない、というような理由があったのだと思う。

しかし、私は旧来どおりこの語を改めることなく「机間巡視」と言っている。教師が子どもの机間に入っていく目的は、あくまでも「巡視」にある、と私は考えているからである。机間で指導するということもあり得るが、それはやはり本来ではない、ということも私の考えにある。
指導は、全体に向け、黒板を使ったり、資料を貼ったりしながらするのが効率的である。
指導は、断然一斉方式が勝っている。全体に周知させる場合には、いつの場合でも聞く者を一堂に集め、一人の人が全体に向かって説明する形をとる。講義、講話、説明会、会議、講習など、いずれも基本的には一斉方式をとっている。

学習指導の形態について論ずる段になると、いつでも一斉指導、全体指導を目の仇のようにして不評を浴びせられるが、その方式は厳として廃れることなく、一般社会では王座を保って周知、伝達の良策とされている。一度に、大量の人に、同じ内容を分からせ、伝えるのには、一斉指導の形態こそが最も効率的だからである。

2　個別診断のために

では、一斉指導方式に問題点はないのかといえば、そうはいかない。どうしても個人差には応じきれない恨みがある。同じことを言っても、分かる人と分からない人、十分に分かる子と不十分にしか分からない子とがあるのは止むを得ない現実である。

そこで、そういう個人的、個別的な分かりよう、受けとめ方を診断しつつ、足りないところを補っていく方式を抱き合わせていくことが望ましい。ここに「机間巡視」の大切な役割がある。

一斉指導は、あくまでも全体に向けた指導であり、個別の反応までは確かめにくい。そこを補うのが机間巡視である。机間を巡視し、指導すべきことが発見されたならば、きちんと黒板や資料を用いて、全体に分かりやすく指導すべきである。

一斉授業ではこの両者をうまく組み合わせることによって効率を高めていくことができる。

したがって、机間「巡視」でよいのであって、机間に入って個別に「指導」することだけが本来なのではない。机間巡視の本質は、一斉指導を個々がどのように受けとめ、どのような反応をしているかを、点検、診断、視察するところにある。

むろん、その場で、その時に、その子にちょっと指導してしまえば、小さな誤解が解けて大きな成果を生むということはあるのだから、「指導」をしてはいけないなどと言っているのではない。助言や指導は適宜になされて当然である。

2 教師の指導に求められること

1 指導とは「褒め、励ますこと」か

「子どもは誰でも、褒められたり、認められたりすると、嬉しくなり、がんばるぞという気持ちになるものです」と言われることがよくある。その通りだと思う。ただ、この傾向は、何も「子ども」に限られることではない。大人だってそうだし、むしろ大人の方がその傾向が強いとも言える。

特に欠点を指摘したり、嫌味を言ったりでは、やる気をなくしてしまう。むしろ、どう努力したらよいか、期待していることは何かなどを伝えて励ますことも必要だという。これももっともなことだ。

一般的には、誰も、この叙述の中に非を見つけることはしないだろう。

しかし、次の指摘についてはどうか。ある本に次のようなことが書かれてあった。

授業中において「○○さんの考えは間違っています」「……はいけません」「……はだめです」「もっと考えてごらんなさい」などと、子どもの思考や見方、考え方、行動の仕方などの不十分な点、あいまいさ、欠落の部分に着目したり、指摘したりしていると、子どもたちは、ますます意欲や自信を失っていく。

どうか、くれぐれも一語一句にこだわって読んで欲しい。

ここに例として挙げられている言葉かけは、いずれも「子どもたち」を「ますます意欲や自信を失っていく」ようにさせてしまうのか、どうか。

子どもというものは、基本的に「成長の過程」にあり、不十分、未熟、不完全な存在であり、不備、不足、誤りを必然的、本質的に内包している存在である。

そういう点に「着目したり、指摘したり」することによって、より良い、少しでもまともな方向に向かわせていく、そういう存在である。子どもの側からすれば、そうされることによって、自分の非、自分の不備を知らされ、自らを改めて良い方向に軌道修正していけるのである。

心ある子どもならば、「悪いところ、足りないところは、どしどし指摘して教えてください」と願っているはずである。

2 学校は「道場」でもある

もともと、不備、不足、不十分がいっぱいの子どもに対して、教師の立場にある者、あるいは親の立場にある者が、それらに「着目したり、指摘したり」するのは、至極当然のことではないか。そうされた時に、子どもはその教育に対して感謝すべきだ。「ますます意欲や自信を失っていく」ようではお話にならない。そんな心構え、そんな根性で学校に来るのなら、ほとんど学校はその子の役には立たないだろう。子どもは、学校に対して、レストランや遊園地やホテルにでも行くようなつもりで来るべきではない。

学校というのは、知識や、技芸や、人格をより高く磨いていく場であり、そうすることによって、よりすばらしい充実を、その子の人生の上に結実させていく「道場」でもあるのである。

指導とは、そもそも指導される者にとっては辛く、苦しい一面を本質的に具有しているものだ。褒めて、励まして、いい気分にさせていれば、新しい教育観に沿えるなどという考えは、全くの誤認である。

3　子どもでも分かっていること

小学校の校長をしていた私はある二学期の終業式で、一年生から六年生までの六百人に対して次のような指示をした。

「これから、私が言うことについて、正しい考えだと思う人は○、正しくないと思う人は×、どちらかを選びなさい。

子どもの考え方や言葉づかいや行動について、駄目だ、いけない、止めろなどと言うと、子どもはやる気をなくし、いじけ、悪くなっていく。子どもというものは、なるべく、褒めて、励ましていく方が良い子に育つ。だから、否定したり、叱ったりしないように育てるのが、正しいのである――」

さて、この結果に対して、どのような反応が出たとお思いであろうか。いつも私がしているように、他人の考えに影響されないよう、挙手は、まっすぐに手を伸ばし、さっ、とさせることにした。子どもたちは、実にはっきりと意思表示をした。

まず、「その通りだ。――〇」という考えの者に挙手させた。何とそれは、ざっと五分の一、二十パーセント弱、それも、低学年の子どもが多いという傾向を見せた。

次に、「違う。反対である。――×」という考えの者に手を挙げさせた。残りの全員がさっ、と挙手をした。つまり、当時私が教えていた小学校の八十パーセントの子どもは「ちやほや教育」に対して、明確に否定的評価をしていたことになる。この結果に私はちょっと驚いたが、やがてそれは当然のことだとも思い、この子らを頼もしく思った。

そこで、私は子どもたちに向けて言った。

「そうか。実は、私も×をつける。大人だってそうだが、特に子どもというものは、不完全であり、足りないところ、間違うところ、気付かないところがいっぱいある。そういうところを、駄目だと否定されたり、いけないと禁止されたり、まだ分からないのか、と叱られたりしながら、そうやって段々立派になっていくのだ。子どもを悪くしようとして叱る大人や先生は一人も居はしない。叱るのは少しでも良い子にしよう、立派な人間にしようと思うからこそである」

「明日からは、冬休みに入る。親に叱られるようなことがもしあったら、それは自分を良くしようとして叱ってくれるのだから、ハイッ、と素直に親の言うことを聞いて、叱られるたびに良い子になっていってもらいたい。もっと、もっと良い子になって新しい年を迎え、また、この場所にみんなが揃って三学期をスタートしよう」

「励ます・褒める・認める」ことは、むろん大切である。それは良いことだ。しかし、だからと言って「子どもの思考や見方、考え方、行動の仕方などの不十分な点、曖昧さ、欠落の部分に着目したり、指摘したりしていると、子どもたちはますます意欲や自信を失っていく」とまで考えるのは、行き過ぎであり、大間違いである。

私は、自分の学校の子どもの八十パーセントが、まともな考え方をしていたことに、校長として頼もしさを覚えた。また、その小学校の教師集団にも、勇気と責任感を与えることになったとも思う。

教育には、時代の流行を超えたところで守られていかなければならない点があることを、銘記すべきなのだ。

3 机間巡視における言葉かけ

さて、それでは、子どもたちに対して「机間巡視でどんな有効刺激を与えるか」。

これまでに述べてきたことを前提として、以下なるべく端的にこれに答えていくことにしよう。

1 作業の内容の吟味と言葉かけ

原則的には、否定的な言葉よりも、肯定的な言葉の方が、子どもの心を明るく、快適に、前向きにすることは言うまでもない。だから、基本的にはその方向でいくのが良いと思うし、私もまた日常的にはそのことを心がけている。

ところで、「机間巡視」という、教師による観察行動が必要になるのは、子どもが何らかの「作業学習」をしている場合である。

子どもが、今為すべき作業行動が明確にそこにあって初めてその作業行動の質的様相の吟味が必要になってくるのだ。作業内容の可否について、教師の言葉かけという教授行動が意味を持ってくるのは、作業があるからだ。

机間巡視中に教師がなすべき第一の仕事は、教師の命じた作業行動が、子どもに理解され、その指示にふさわしく進めているかどうか、その点検である。子どもの解の当否ではなく、指示通りに作業が進んでいるかどうか、ということがまず判断、評価されなければならない。

子どもの作業は、必ずしも「教師の指示」だけではなく、子どもたちの自主的な学習によって生じた課題の解決であったにしても事情は同様である。

子どもの作業が、指示に沿って進められていれば、その作業をそのまま意欲的に進めていけるように、教師はプラスの言葉かけをしていけばよい。

・がんばっているね。よし、よし。
・このまま続けていこう。
・作業がどんどん進んでいるね。

というような言葉でよいだろう。

子どもの作業が指示に沿っていなかったらどうするか。その場合には、ためらうことなく、その不適を知らせ、軌道を修正させるべきである。その場合の言葉かけは、表面的には否定的、修正的になるが、教師の本当の狙いは善導、改善にあるのだから、子どもは素直に受け容れる。

・場所が違うよ。12ページでなく、13ページの方だよ。
・「書き写す」んじゃないよ。「自分の意見」を書くんだよ。
・こんなに長く書くのでなく、もっと短く、ずばりと、まず結論だけを書いてごらん。

教師による子どもの「行動の否定」が出てきているが、これは避けられない。行動の表面的否定が、そのまま子どもの内面否定をしているわけではない。だから、心配無用である。

2　作業の質的吟味と言葉かけ

言われた指示の方向に沿って作業はしているが、その作業の内容に誤りがあったらどうするか。その場合の言葉かけはどうあるべきか。

ここでぜひ心にとめなければならないのは、子ども自身は自分の誤りに気付いていないこと、自分では正しいと思っているという事実である。大切なことは、その誤りを子どもが納得して素直に改めるということである。

子どもの誤りを一方的に教師が指摘したり、指導したりしてしまうのはよくない、と私も考えている。

だから、やっぱり「机間指導」ではなく、「机間巡視」という言葉の方が私にはぴったりするのである。

さて、私は、こういう場合、特に言葉をかけることはしない。そして、その子と同じような判断をしている子がいないかどうかをさらに巡視によって探していく。一人でも二人でも、ある間違いや誤認をしているということは、他にもまた同類の間違いや誤認が生じている可能性があるということである。そういう、事実の把握、傾向の把握が大切なのである。

これらの指導、これらの治療は、原則的にはクラス討議の中ですべきだ。クラス討議とここでいうのは、一斉授業の中で、ということである。個別に指導して個別処理をしてしまうのでなく、授業の中で当否を裁き合っていくことが妥当なのである。

3 「予告」という言葉かけ

机間巡視の目的は、三つあると言われている。

① 指示通りの作業がなされているか否かの点検活動
② 個々の子どもの反応の質的差異の把握
③ 今後の授業展開の想を練る活動（指名計画、板書計画、指導計画等）

私の机間巡視は、③を最も重視する。そのためには②が不可決になってくることになる。誰を指名して何を発言させるか、その発言に対して誰に意見を言わせるか、そういうプランを立てるために私は机間巡視をかなり重視しているのである。

だから、私の机間巡視には、指名予告という特別の言葉かけがある。

・指名するから、これを発言しなさい。
・指名されたら、これを主張しなさい。
・これと反対の考えの人がいる。反論を用意しておきなさい。

これらの言葉かけは、子どもにその先への期待を持たせるうえで有効である。また、心の準備をさせておくうえでも有効である。いきなりの指名にうろたえてしどろもどろになり、時間を空費するということもなくなってくる。お薦めしたい言葉かけである。

4 机間巡視の具体的ポイント

机間巡視は、全体指導の形態の中で、学習の個別化を保障する有力な方法である。

机間巡視によって、教室の子どもたちの実態を分析し、次の授業展開にどのように生かしていくかを検討する。

1 目的と役割

① 指示の理解度・徹底度の点検

まず、教師が指示した内容が一人ひとりに正しく理解され、行きわたっているかどうかを点検する。適切でない子どもには、その場で指導する。

②実態の分析と把握

どんな反応をしている子どもがいるか、どんな傾向の解答が多いか、どんな誤りがあるかなどを把握したり、分類したりして実態を把握する。

③個別指導

個別の誤りや、不足、勘違い、抵抗などに対応して、適宜の指導を加えていく。

④次への展開の計画立案

実態把握に基づいて、指導計画を修正したり、必要な資料を用意したりする。場合によっては、展開を変更することもある。

2　実態の分析と把握

①反応パターンを予測する

およそこんな誤りや意見が出されるであろう、という予測をしておくことが大切である。この予測が的中するかどうかは、教師の力量のバロメーターにもなる。

②分布の仕方を予測する

Aタイプは少数で、Bタイプが多く、ごくまれにCタイプの子どもも出るかもしれないというように分布の程度を予測できることが望ましい。

③ **理由や根拠の推測**

それぞれの分類に属する子どもの理由、根拠の分析が次の指導の方法を的確にする条件になる。的確な要因分析が適切な指導法を生み出すことになる。

④ **授業資料として使うかどうかを取捨する**

典型的な誤答や考え方を取り上げて共通の材料とするのがよい。

3　机間巡視中における個別指導

机間巡視中の個別指導は、時間的にも空間的にも制約が大きい。その点の限界を承知して指導に当たらねばならない。いわゆる通念上の「個別指導」と机間巡視中の局部的個別指導とは別物と考え、入念な指導は別の機会に譲るべきである。

① **短時間に終える**

まず、机間巡視は、個別作業を命じた時間内に終わらせなければならない。一人ひとりに当たれる時間は、極めて短い。したがって、表面的、事象的、即決的事項に限定して指導する。ターゲットを定め、特定の子どもだけを指導するのも一方法である。

また、短時間に多くの子どもの点検と指導をしなければならない。共通的な誤りや傾向に対しては、全体的に扱い、個別に対応しない。

②共通事項は一斉に、丁寧な個別指導は機会を改めて

多くの子どもが見せている傾向や問題点は、共通指導の場に持ちこむべきである。

特定の子どもにかかりきりになると、全体の掌握が不能になる。その子の特性に合わせてじっくりと指導しなければならない場合には、別の機会を設けて指導する。

③指導は端的に、ずばりと

机間巡視は、全体指導の効果を高める手段である。個別指導への埋没は全体指導の放棄につながる。したがって、端的に、ずばりと指導する。

以上のように、机間巡視はやはり「巡視」に狙いが置かれるべきものである。

4　次の授業展開につなげる

机間巡視はまた、次の授業展開につなげていくためにも有益である。例えば、どれとどれの意見を取り上げて比較させるかという選択をする。机間巡視によって、予定していた授業の進行を変える方がよいと判断したならば、そのように変更することもあるだろう。

ここでは、授業展開や変更上のヒントになるものを列挙しておく。

①正解、正答よりは、誤答例を取り上げて指導する方が有益と考える。

②「君に発表してもらうよ」と予告をすることで、その子に心の準備をさせる。

③「なぜ、このように考えるのか」と予め尋ねておくことも時には必要。

④巡視によって、意見をおよそのタイプに分けておけば進行上有益である。

⑤巡視による診断から、時には授業プランの変更も考える。

◆チェック【陥りがちな机間巡視・教師の七癖】

以下のような机間巡視をしてはいないだろうか。日頃の授業風景を思い起こしつつ、確認してみよう。

□ いつも決まったコースを歩く。
……いつも南側の列から、という癖があると、しばしば北側には行かずじまいになりがちである。

□ 巡視していく席が決まっている。
……特定の子にばかり集中して巡視をし、教師はそれに気付いていない場合、子どもたちの不信を買う。

□ 特定の子どもの指導に夢中になって全体を忘れる。
……教師は常に全体を掌握していなければならないのに、一人の子どもにかかりきりになってしまう。

□ 目的が曖昧で、単にぶらぶら歩き回る。
……窓の外を眺めながら、単に机の間を歩いているのは「巡視」とは言えない。机間散歩ではいけない。

□ 不公平な言葉のかけ方をする。
……いつも褒められる子、いつも注意される子、というように固定的で偏った言葉のかけ方では困る。

□ 時間をかけすぎて、全体をだらけさせる。
……常に全体の動きに目を配ること。

□ チェックもノートもしないで歩く。
……教師のメモやチェックは、次の授業展開に有益な資料となる。

五 指名

その子に発言させることでクラス全体の学習をより有意義なものにする。そのための意図的指名を常に心がけねばならない。

1 指名の意義

授業における発言者を特定する教師の指示が「指名」である。一般的には、教師の問いかけや発問に対して、何人かの子どもが手を挙げて発言の意志を示し、その中の一人が教師によって特定され、指名によって発言が許される。これを私は「発問―挙手―指名型」と呼んでいる。この方式に対して私は、否定的見解を持っている。

その理由は四つある。

① 積極的な挙手者ばかりが活躍し、消極的な非挙手者は傍観者になる。
② 挙手者ばかりが特定的に授業に参加し、活躍者が偏り、固定する。

③本当に開発されなければならない子どもが放置、放任されがちになる。
④挙手者の一人を指名する場合、その指名の意図や根拠や配慮に乏しく曖昧である。

指名の本来の意義は、その子に発言させることによってクラス全体の学習がいっそう有意義、有益になることにある。そういう指名をするためには、その子を指名すれば、どんな情報が得られ、それが授業の次の展開をいかに有益に導くかが教師に分かっていなければならない。

かかる指名をするためには、教師の問いかけに対してすべての子どもに解をノートに書かせるのが良い。机間巡視によってそれらを分析し、Aの子を指名すればAの考えを述べるので、それに対してBの考えをノートに書いているBに反論させよう、などと考えて指名する「意図的指名」が望ましい。先の「発問―挙手―指名型」は、いわば「無意図的指名」である。

意図的指名を具現するために、私は「発問―ノート作業―机間巡視―指名型」を推奨している。この方式に改めることによって、授業は格段に精度と密度を高め、「常時全員参加」を具現することができるようになる。

別段難しいことではないのに、多くの教室が依然として「発問―挙手―指名型」に堕し、「無意図的指名」を繰り返していることは本当に残念である。ぜひ、ぜひ「発問―ノート作業―机間巡視―指名型」に授業を改善し、「意図的指名」による「学力形成型授業」に脱皮、改善していくようにと努めて欲しい。教室の授業はこれだけでもかなり望ましく変わっていくこと間違いない。

2 指名の技法

① いきなり指名

授業の開口一番、例えば、

　山田君、立ちなさい。

と、いきなり言う。

山田君もびっくりするが、他の子どもたちもびっくりする。みんなの視線は、さっと山田君に集中する。これだけで、授業のスタートがぴいんと引き締まる。

② しばらく黙る

「山田君、君にねえ……」と、すぐに話してはいけない。

立ち上がった山田君がきょとんとし、他の子どもたちが「何事が始まるのだろうか」と、十分に山田君に対して関心を向け、耳目を集めるそのしばらくを、「沈黙」によってつくり出す。

この沈黙が、短かすぎれば緊張が生まれないし、長すぎれば緊張が弛んでだれる。騒々しい雰囲気の中では、やや時間を長くせざるを得ないであろうし、さっと学習態勢に入れる学級であれば、沈黙の時間は短かくてよい。

短かすぎず、長すぎず、的確な時間を判断する。それは、片々の技術とは言え、それなりのキャリアを必要とする。

③静かに語る

沈黙によって生まれた静寂に向けて発する教師の声量は、常よりも小さくて十分に足りる。声は、隅にいる子どもに十分に聞きとれさえすれば、小さいほどよい。不要に大きい教師の声は、注意して聞く、耳を傾けて聞く、という大切なしつけのポイントに悖《もと》ることになる。

若輩ほど声が大きい。大きい声を出せば集中してくると思うようだがそれは反対である。注意していなくてもよく聞こえるのだから、聞き手は注意をしなくなるのである。中身のある人の声は決して大きくはない。諺に言う。

「空っぽの樽は、大きな音を出す」

④誤りを褒める

正しい答え、期待どおりの答えが出てこないと焦り、「他には」「別の考えは」と促して正解を求め、ようやく正解が出てくると、ほっとして思わずにっこりする。これも、白帯クラスの教師がとる通弊である。

誤りを褒める、というのは、誤った答えが出された時に、

　すごい〜!
　うん、なるほど!
　りっぱ、りっぱ!

という具合に、賞讃することである。
かつて、有田和正先生のクラスでは、子どもの答が正しくても、間違っていても、みんな褒めたらしい。子どもたちはすっかり先生を信用しなくなり、「これは自分たちがしっかりしなくちゃどうにもならん！」と悟って、結局はみんな「追究の鬼」になっていく、ということだったらしい。さすがの腕前と感じ入る。

⑤前に出させる

私は、ある子どもの発言の当否を判定させる時に、しばしば○か×かをつけさせる。大方が○をつけたのに、×をつけた、という子が三人いたとする。

×をつけた三人は、前に出てきなさい。

と言う。これだけで、授業に変化が生まれる。「何事が始まるか」と、子どもの関心は前に出された三人に集中する。

今から、この三人の考えを論破しよう。さあ、だれからでも！

と促せば、鍛えられたクラスならたちまち討論が始まる。前に出された三人もさるもの、返す刀で○派を斬ることだってある。
そこでの丁々発止のやりとりが、授業に変化とリズムを生み出して子どもたちを夢中にさせるのだ。

⑥束ねて絞る

討論の帰結、正誤、勝敗は、教師によってきちんと宣言されるべきである。教師の解を押しつけてはいけない、という考えもあるようだが、私は反対である。さんざん討論をさせておいてその揚句「どっちでもいい」とか「どっちかなあ」などという幕切れになるのでは「人を馬鹿にするな」ということになるだろう。

努力や誠意は、やはり報われなくてはいけない。「喋って損をした」などと思わせたら、子どもたちは次からの授業に不信を抱くだろう。

⑦ジャブを食らわせる

ボクシングで「ジャブ」という攻撃法がある。相手をいらいらさせて挑発する手である。

これはもう解決した。よくがんばった甲斐があった。立派だった。

と、褒めておいて、

ところで、今度のは難しい。おそらく一人も分からないと思うから、これはもう止めよう。

などと言えば、子どもたちはきっと怒り出す。この「やる気」を生かすのだ。必ず盛り上がる。変化とリズムのある授業なら、子どもはきっと勉強好きになること請け合いである。

六 評価

評価とは、内なるものを外在化させ、目に見えるようにすることである。よりよい指導は評価を生かして進められていく。

1 評価の方向

指導されたことは評価されなければならない。評価のない指導は存在しない。評価は、よりよい指導のあり方を求める必然の行為である。

これまでに私がとり入れ、実践してきたいくつかの評価法をとりあげて以下にその考察を述べてみよう。

1　正解志向から変容志向へ

かつて「新しい学力観」が謳われた時、知識・理解重視の過去の反省から、子どもの「情意的学力」を啓培していくべきである、という主張がなされた。指導要領の改訂では、端的にこの考えを反映し、従来の「知識・理解」を筆頭順位から最下位に格下げし、かつて最下位であった「関心・意欲・態度」の順位を引き上げ、筆頭学力として位置付けることになった。

この経緯を一言で言えば、それは学力観の「理知から情意へ」という転換である。「面白かった」「よく分かった」「伸びている」「向上している」「もっとやってみたい」というように思わせることが、テストで高い得点をとることよりも大切だということである。

そのように子どもを導くための評価について、私は「正解志向から変容志向へ」ということを主張した。大方の教師が「誤答よりも正答に価値がある」と考えている。良い成績をとれば褒められるし、悪い成績をとれば親も顔を曇らせる。成績の良い子の方が、悪い子よりも重んじられている。

生まれつき頭が良くて、格別の努力もせずにいつも高点をとるA君と、生来能力的には高くないがよく努力をするB君がいる。努力はするがいつも低い点数しかとれないB君とA君を比べれば、どうしてもA君の方を重く用いることになる。

これらはすべて「正解志向」の表れである。このような考え方に立つ限り、成績の低い子どもの評価はいつまでも上がらない。

正解そのものよりも、その子の中に生じた変化を大切にするのが「変容志向」の評価である。一〇〇点の子は、そのテストではもう伸びようがない。伸び切ってしまっている。

ところが六〇点の子どもは、四〇点分の「伸びる余地」「変化の余地」が残されている。その「余地」にこそ、その子を伸ばすチャンスと場が与えられていることになる。だから、七〇点をとった子は、一〇〇点をとった子どもよりも伸びる余地は大きい。それは好運であり、喜ばしいことなのだ、という逆説も成り立つ。

高い点数をとることに価値を認めるのではなく、「あとどのくらい伸びられるか」という「余地」の大きさに価値を認めて励まし、伸ばす。つまり、それは「正解志向から変容志向へ」という評価観の転換を意味する。

このような評価観の転換は、子どものやる気を高め、教師の好ましい対応を助けることになるだろう。そして、子どもは、より一層学校に情意的親和を高めることになるだろう。

2 一斉から個別へ――「挙手―指名」から「作業―巡視―指名」へ

戦後の授業形態の王座は、断然「話し合い学習」にある。どの教室の授業形態を見ても、基本的には話し合い学習になっている。

しかも、その話し合いは、挙手した子どもが教師に指名され、発言を求められる形で進められているのが一般である。次々に発せられる教師の問いに対し、次々に手を挙げる子どもがいて、それらが順次指名され、発言をしていくという形態である。このような学習形態が「発問―挙手―指名型」である。

この方式の欠点は、手を挙げない子どもは授業の外側に置かれてしまうということにある。手を挙げさえしなければ、決して先生には指名されない、というところに最大の欠点がある。成績が低く、内気な彼らは、多く授業の傍観者になりがちだ。

この弊を補うのが「発問―ノート作業―机間巡視―指名型」の展開法である。

この方式では、教師の発問に対して子どもたちは挙手をしない。全員がそれぞれの解をノートに書き、教師はそれらを机間巡視によって観察する。全員の子どものノート作業状況をざっと点検していく。

点検結果に基づいて、指名計画を立てるのである。まず、Aという考えをしている子どもを指名して発言させ、対照的な考え方Bを持っている子どもに反論させる。対立が鮮明になってきたところで、Cという別の考えをしている子どもを指名することが良いだろう――というように授業を組み立てていく方式である。

一人ひとりのノート作業の点検という方法による評価法を採用することによって、指導を個別化することが可能になる。個々の子どもの考えについて、個性を重視するというのなら、それはこういう評価の仕方によって具現することになるのである。

3　減点法から、加点法へ

その子、その子の良さを認めていくためには、前提として、個々の子どもの考え方、受けとめ方を克明に把握すること、評価することが大切になってくる。

そのための一つの方法として、自分の考えをノートに記号で書く、という評価システムを私は長くとり入れている。ある発言に対して賛成ならば○、反対ならば×、あるいは、三つの選択肢の中の正しいものは2である、という具合に、自分の考えを端的に記号で表明させ、反応の分布をとらえた後に、その反応の是非、当否を検討させていく、という評価システムである。

これによって、正解者も、誤答者も、自分がどのような立場にあり、どのように変わっていったかを明らかにすることができる。変わった内容が明らかになれば、それだけ進歩向上した事実が明瞭になるわけである。

2 評価のキーワード

1　授業中の評価は時々刻々

授業というのは、子どもの実態を探りながら、その時、その場に最も必要な指導を加え続けていく営みである。診断と治療とが、大きく分けられるのではなく、常に交互にあざなわれつつ進行していく過程である。

ひところ「形成的評価」ということが強く言われたが、これはすばらしい着眼である。とかく「評価」というと最後に行うものというイメージを与えるが、それは「総括的評価」の意味だ。

これに対して「形成的評価」というのは、学力の形成過程に必要な評価法を言う。授業は、まさに形成的評価の連続であると言える。

「発問」というのも一つの評価のフィルターである。「なぜ、ごんはかけ戻らねばならなかったか」と問うことは「つぐない」という善をなすのにさえ戦々恐々としていなければならぬごんの哀れさを、子どもたちがどの程度理解しているかということを評価する営みでもある。

「今の考えには賛成か、反対か」と問うこともまた、的確な判断をしているか否かの評価の営みだ。

2　評価には、内面の「外在化」を

心の内は見透かされるものではない。どんなに授業の達人であっても子どもの心の中は分からない。分からない心の中の様子を理解するには、「内なるものの外在化」を促す以外に方法はない。すぐれた教師

はその達人だ。「内なるものの外在化」の手法には次のようなものがある。

・発言させる
・文章に書かせる
・表情に表させる
・行動に表させる

これらの四つは、すべて「発言の諸相」であるとも言える。これらの諸相のどれを得意とするかは、実は個々の子どもによる。いわゆる「発言」は一般的には「音声発言」のみを指すが、そういう見方だけでは子ども個々の心の中を理解することはできない。多様な発言の諸相やそれぞれが発する信号に応じたい。

3　○か×か、賛成か反対かと追いこむ

反応を示してくれない子がある。教師にとってこういう子どもは本当に厄介だ。これではどうにも「評価」が成立しない。評価ができなければ、打つ手が見つからない。とかく、そういう子どもは「落ちこぼし」がちになる。

そこで、「○か×か」「賛成か反対か」と追いこみ、教室全員の子どもから何某かの反応を引き出すようにすることが望ましい。

3 一斉指導における評価

1 一斉指導形態の再評価

一斉指導は、教師主導型で旧式の詰め込み授業であり、新しい時代の学びにふさわしいものではない、という指摘がしばしばなされる。少人数相手、習熟度別、個別化こそがこれからの授業だというように考えられているようだ。だが、私はこのような教育界の流行的思潮に対しては懐疑的である。

一斉指導は最も効率的でオーソドックスな指導法であり、高く評価されるべき伝統的指導法なのである。その証拠としてはいわゆる「講演」「講義」は今も各所でさかんに行われている事実がある。また、山間・離島等のいわゆる僻地の少人数の教室の実践や指導、あるいはそこで育った子どもたちの成果が必ずしも全国の頂点に立つとは限らない事実もある。多人数を一斉に指導する形態のプラス面にもっと注目し、評価しなければならない。

2 一斉指導における「個別化」は可能

大学の授業は「講義」と「演習」とから成っている。演習の中には実験、実習も入ることになる。授業の比率は断然「講義」が多い。講義はいつでも知の基本に培うからだ。小・中・高でも一斉指導形態が断然多いのは当然のことなのである。

個別化、個性化、個に応ずる指導というようなこともすべて一斉指導の中でかなりの程度可能であり、またそうでなければそれは良い一斉授業とは言えないものなのだ。というよりも、もともと一斉指導というものが目指しているのは一人ひとりの子どもへの教育であり、指導である。

一斉指導は個々の子どもの指導とは別物だとする考えは誤認であり、誤解であり、一斉指導の充実策を真剣に考えない人の妄言である。

3　一斉指導下の「学び合い」

一斉指導とは、全体に一斉に伝えるべきことは一斉に伝え、その習得や徹底の個人的な差異を常に診断し、個別に対応しながら指導を進めていく方式である。一斉指導の下でも十分に個別的な「支え合い」「学び合い」を保障していけるし、そうなるのが良質、上質の一斉授業なのである。

そのようにするための方法を摘記しよう。

①相互評価

友だちの発言に対して常に評価的に対するように導く。具体的には、賛成なら○を、反対なら×をつけながら耳を傾けさせる。

②相互判定

正解だと思うなら○を、誤りだと思うなら×を、常にノートに書かせ、その当否を明らかにするような授業運びをする。

③相互検討

発言者も、評価者も、判定者も相互に未熟な子どもたちである。それぞれの判断の相違点をめぐってお互いに話し合わせ、確かめ合わせ、吟味検討し合わせていくことが大切である。自分の立場を○や×で明示することは最終的な到達点ではなく、議論を深めていくための出発点として位置付けるという認識がポイントなのである。

4 関心・意欲・態度を評価する

1 関心・意欲・態度の慣用句

関心、意欲、態度というのは、いずれも心の内部のあり方を意味する。平成元年版の学習指導要領改訂の際に「新しい学力観」として記され、にわかに注目されるようになった。

精神論の好きな日本人は、実は伝統的にこれらの問題を大切にしてきたのであって、それを改めて「新学力観」などと言うのは妙な話でもあった。

例えば、次のような慣用句などは、いずれも心のあり方がその後の学力に大きく影響することを述べたものであり、とうの昔から誰にも知られ親しまれているものだ。

・腰を据える
・身を入れる
・目の色が違ってきた

・やる気を出す
・心ここにあらざれば、見れども見えず、聞けども聞こえず

これらの言葉は改めて言うまでもなく、とうに我々は自覚し、大切にしてきたものであることが分かるであろう。決して難しいもの、厄介なものではない。当然のこと、親しみやすいもの、分かりやすいものと考えた方がよい。

2 関心・意欲・態度は教師の口ぐせ

我々教師仲間が日常的に交わし合っている言葉を観察してみよう。それらの中に、いかに多くの「関心・意欲・態度に関する評価」が多くあることかと気付くに違いない。

・あの子はやる気がない。
・このごろかなりやる気が出てきたよ。
・そもそも、あの子は態度がなっていない。だから何をやっても駄目だ。
・このごろ少し姿勢が変わってきたね。
・あの子は、一度だって本気になったことがない。いつもちゃらんぽらんだから駄目だ。
・ようやくこのごろ、これじゃいけないってことに気付いてきたみたいだ。

これらの言葉は極めてしばしば耳にし、口にしてきたことに気付くであろう。

3　評価者は教師と親

関心と言い、意欲と言い、態度と言い、それらの評価は、常にその子と共にいる者にして初めて可能である。偶《たまたま》の出合いによって一日で意欲を見抜く、などということは、一般には非現実的であり、例外的なことである。日々を共に暮らしている者が、日々の観察によってようやくその子の心の中の動き、変容、成長を推測することができるのである。

言葉を変えて言えば、これらの評価は日常観察によることが王道であり、その最適任者は親や教師である、ということになる。その意味で、教師や親は自信をもってこれらの評価に当たるようにしたい。親や教師ほどに子どもたちの関心・意欲・態度を的確に評価できる者は他にはいないというくらいの自負を持つことも大切であろう。

4　関心・意欲・態度の評価の原理

関心も、意欲も、態度も実は心の中の問題であり他人の心の中をそのまま覗くことは誰にとっても不可能なことは前述のとおりである。

心の中のありようを評価するには、外に表れた言動を手がかりにする外はない。関心・意欲・態度の評価の原理は、

外の表れから、心の内を推測する。

ということであり、それ以外の方法はない。

外の表れ、外への変化を見逃すことなく、それらを内側の変化として、解釈できるのは、親や教師の外にはいないと見て良いだろう。だから、それ以外の人がテストや調査などによって関心・意欲・態度を望ましく評価することはひどく難しいことだと言える。

5　関心・意欲・態度の評価の指標

どんな表れをもって我々は、子どもたちの関心・意欲・態度を評価しているだろうか。

私は、次の四つがあると考えている。

①テスト・成績
②表情
③言葉・行動
④友だちの評価

①テスト・成績

テストの出来、不出来、成績の良し悪しやその変化は、子どもの関心・意欲・態度のありようをある程度反映していると見てよい。

関心をなくし、意欲を失えば、たちまちにしてテストの出来は悪くなる。関心も意欲も旺盛で前向きの態度であれば、その構えは成績の好転に結びつく。よしんば成績が心の構えの良さに反して下がったにしても、それによって投げやりになったりはしない。むしろ、前向きに反省していよいよ努力を傾注するようになるであろう。

テストや成績を注意深く観察することが教師の間で大切にされているのは、このためである。成績と心のありようとが順調な相互関係を維持していれば、両者は互いに他を伸ばしていく。成績が上がればやる気になり、やる気が出れば成績は上がっていく。

反対の場合もむろんあることは、申すまでもない。

②表情

関心・意欲・態度のありようは表情に最も正直に表れる。明るい表情、にこやかな笑顔、光る眼は、やる気が横溢している証拠である。

・このごろ明るくなった。
・このごろ笑顔が多くなった。
・どうもこのところふさぎこんでいる。
・何となく表情が冴えない。

このようなことを目ざとくとらえることができるのは、担任なればこそである。こういう表情の背後には、必ずそれなりの理由が隠されている。それらを的確にとらえて対処していくことは、担任の重要な務めでもあろう。表情に目ざとい担任でありたいものだ。

③ 言葉・行動

表情と並んで心の内を外に表すものとして、言葉と行動がある。

乱暴な言葉、優しい言葉は、それぞれ心の中のありようの反映と解される。荒れている時には荒れた言葉を発するし、心がおだやかであれば言葉もおだやかになる。

行動もまた同じである。荒々しい動作は荒々しい心の表れであり、静かで落ちついた行動は、そのまま心の表現でもあると言えよう。

積極的で前向きな関心・意欲・態度が内にあれば、それは言葉にも行動にも表れてくる。言葉や行動の表れから、逆に心の内側を探ることもまた、ある程度は可能なのである。

④ 友だちの評価

「先生、良太君はこのごろ変わってきたよ。掃除もさぼらなくなったし、班で約束したことなどもちゃんと守るようになってきたんだよ」

こんな具合に、友だちのこのごろの変化を目ざとく見つけるのは、子どもの得意とするところである。担任の目からもそんなことが感じられていた場合には「やっぱりそうか」と頷かれもする。

心の内に生じている関心の高まり、意欲の高揚、態度の向上などは、目ざとい友だちにはすぐわかるのであろう。「近ごろ伸びている友だち」などということで、調査的な作文を書かせたりすると、教師の目からは見えなかった子どもの変化が見られたりすることがある。

休み時間の中の雑談や子ども同士の会話の中から、子どもの心の内なる変化が探れることもあるので気を付けていたい。

第四章

教材別指導の基本

一 文学作品（物語文）の鑑賞

文学を子どもに十全に楽しませてやりたい。子どもの作品理解上の不備、不足、不十分を排し、そこへと接近させていくのが「指導」である。

1 鑑賞指導

1 鑑賞指導の本質

文学は、基本的には「楽しみのために」読むものである。試験に備えたり、教養を広めたりする「ために」読むこともあるが、それはむしろ例外と言うべきだろう。読み「たい」から読むのであり、面白くて先へ先へと読み進むものである。私の現在の読み方もそうである。「ために」読むのでなく、読み「たい」から読むのである。

この読む行為がそのまま「鑑賞行動」として成立しているのは、作品が伝えようとしている面白さや魅力を、読み手がほぼ望ましく享受しているからである。この享受が望ましく成立しない場合には読むことを放棄してしまうだろう。

このように考えてくると、「鑑賞指導」とは次のように定義付けられることになる。


その作品が、固有に内包している魅力と感化力とを十分に理解し、味わう学力を形成する指導である。


若干の説明を加えておきたい。

「固有に内包している魅力と感化力」というところが肝腎である。「ごんぎつね」と「大造じいさんとガン」は、全く別々の「魅力」と「感化力」とを持っている。これを、一緒に味わわせるということはできない。つまり、「ごんぎつね」に用いる発問は、あくまでも「ごんぎつね」が固有に内包している「魅力と感化力」とを、「十分に理解し、味わう」ためになされるべきである。同様に「大造じいさんとガン」の発問は、それを深く、豊かに味わうためにのみなされなければならない。

そして、そのような一作一作との意味深い出合いを具現すること、つまりその鑑賞行動、感動体験の具現と連続の中で、次第に子どもたちは文学への理解力を高め、味わう力を身につけていくことになるのである。

2　鑑賞指導の内容

教室で行う文学の鑑賞指導は、どんなことを行うのか。私はそれを次の三つであるととらえている。

①内容理解の深化
②言語技術の体得
③人間認識の拡充

①内容理解の深化

文学を読む楽しさ、面白さ、あるいはその喜びは、作品に描かれている中味に惹きつけられ、それからどうなっていくかという作品世界に浸ることによって生まれる。事件の展開や登場人物が遭遇する様々なできごとを、我がことのように受けとめるからこそ読み浸れるのである。

このようなことから、子どもに文学作品を与える場合にも、第一義的には「内容理解」を豊かにさせることが目指されなければならないことになる。かくして、文学を面白がり、楽しむという最も大切なことが子どもに保障されることになるのである。

書かれている内容を、確かに理解させ、豊かに味わわせること、楽しませることこそが、第一に大切にされなければならない。そのために障害となる抵抗や、子どもの解の限界を克服させていくことが鑑賞指導である。

②言語技術の体得

内容理解を深化させていくためには、事件を確かに読みとったり、言動の裏にある心情をとらえたり、その場、その状況のイメージを鮮明に描いたりしていかなければならない。そのようにしていくためには、丹念に読んだり、難しいところは読み返したりという作業が必要になり、そういう念入りな活動のプロセスで「読み方の技術」が身につけられていくことになる。

例えば、村中季衣の「走れ」の冒頭の段落を引いてみよう。


朝の日ざしがベランダからさしこむ。のぶよは、のそのそと二人分のふとんをたたむ。今日は運動会。足のおそいのぶよには、ゆううつな日だ。


今日は、運動会。天気も上々のようである。早速「のぶよ」という「人物」が登場してくる。「のぶよ」にとって、今日は「ゆううつな日」と書かれている。それは「足がおそい」からである。

この辺りのことは、特別に指導しなくてもどの子でも摑めそうに思う。このような、いわば、作品の基本的な「状況」「人物」「関係」は、格別の「言語技術」を用いるまでもなく、もうどの子にも読みとれることである。

しかし、「のそのそと」「二人分のふとんをたたむ」というところは、教師の指導がないと「読み流し」てしまうかもしれない。「のそのそと」というのは修飾語である副詞句だ。修飾語をあえてさし挟むのは、作者にそれなりの意図があるからである。そのような意図を「読み流さない」ためには、それなりの指導が必要になる。例えば、

なぜ、のそのそとたたんだのでしょう。

どうして、二人分のふとんをたたむのでしょう。

というような問いかけが必要になってくる。

問われなければ気付かないのに、問われればそのことに注目し、そのことの意味を考えるようになる。

正しい解は、

・のそのそと――気が進まない――心情
　　　　　　　――動作が鈍い――動き
・二人分のふとん――母親の分のふとんを畳んでいるからだ

ということなのだが、おそらく自分の力でここまで読みとれる子は少ないだろう。だからこそ教師の発問が必要になってくるのである。発問をめぐってあれこれ考え、読み、話し合っている内に必ずやその解に達する。解に達するということは読みが深まり、豊かになるということである。

この一連の行動をとおして、教師は次のことを子どもに明確な知識として指導する。

ア　「のそのそと」というような、動作を詳しくしている言葉を「修飾語」「修飾句」という。
イ　修飾語や修飾句に出合ったら「なぜ、わざわざそのように書くのか」というわけ、理由を考える。
ウ　「のそのそと」という「様子」を表す修飾語の裏には、気持ちや人柄が隠されていることが多い。
　そこまで読みとることが大切だ。
エ　「二人分のふとん」のように「はてな?」と思う言葉になるべくこだわって、「どうしてかな?」と考えるくせをつける。そうすると、細かいところの意味まで読みとれて、いっそう物語が楽しく味わえるようになる。

このように、読みとりを深めていくための「知識」を与えることが大切である。

従来の鑑賞指導では、このような「読み深めのためのヒント」「知識」を与えることなく、専ら「読み深め体験」「感動深化」という「体験重視」「感動重視」のみを目指してきた。そのために、他の作品を読む場合にも役立つ「読みの技術」が指導されず終いになっていた。これからは、他の作品を読む時にも転移できる読みとりの「言語技術」を意識的に指導していくことが大切である。

ただし、ここで二つのことをはっきりさせておかなければならない。

i　作品固有の魅力の深化のためにこそ

第一は「言語技術」が、その作品探求のために指導されなければならない点である。文学一般、作品一般のために、指導されるべきではない。「言語技術のための言語技術の指導」になってはならない、という点である。

この点で、私は、分析批評や文芸研の方式にはどうも納得がいかないのである。どの作品にも共通する発問をすることは、私の鑑賞指導論の立場からは、すんなりとは容認しがたいことなのである。

先の例にもあるように、あくまでも私は「走れ」という作品の「固有の魅力」を引き出し、その魅力に浸らせるために有効不可欠な「発問」をしているのである。それが指導として一つの言語技術たり得るのだということを「事後整理」として示しているに過ぎない。しかし、その「事後整理」は、次の作品との出合いを、深くすることに必ず役立つに違いない。

ii　技術とは知識の行為化の定着である

私は、「技術」について、「知識が行為と結んで定着したもの」と考えている。いかなる「技術」も確かな「知識」に支えられるべきである。知識に支えられない技術は浅薄であり、偶発的であり、脆弱である。したがって私は、先のように、読解上必要な「知識」を整理して示すことを重視している。この知識の意味するところ、及びその有用性が理解され、それを自らの行為と結んで定着した時、それは初めて「言語技術」として身につくことになるのである。

国語科の授業では、読みとりの技術を身につけるのに必要な「知識」がほとんど不明確である。その結果、「技術」としても身につけることができないままになっている。この点の打開がまず大切になるのではないか。この件については、「日本言語技術教育学会」の研究が参考になろう。

③人間認識の拡充

文学の鑑賞指導が目指す最終的な目標は「人間認識の拡充」にあると私は考えている。ただし、それは「直接の目標」ではない。「最終的な目標」である。

人間というものは、実にとらえどころのない存在であり、その本質を摑むことは至難の技である。優しさと残酷さ、美しさと醜悪、硬と軟、聖性と獣性、それら相矛盾する性質を併せ持つ、実に不可解な存在である。私はこれを「人間の本質は、無限多面体である」と言っている。

古来、多くの文学が、「人間とは何か」の解明と探求に挑み続けてきている。今まで、誰にも発見されず、描かれなかった新しい人間像を提出した時、その文学作品は傑作であり、名作となる。「人形の家」や「太陽の季節」や「人間失格」などが名作であり、話題作として不朽の価値を持つのは、それまでに描かれなかった人間の新しい一面を発見し、描き出しているからに他ならない。

我々は、文学作品を読み味わうことによって、さまざまな人間のありようを理解し、人間認識を深め、拡充していくことになる。

この原理は、子どもをめぐる文学においても変わるところはない。「ごん」も「大造」も、そこに子どもにとって新しい人間のあり様を提示しているからこそ、その人物像が読み手の心をとらえて放さないのである。

3　鑑賞指導には、何ができるのか

文学の授業、鑑賞指導にできることを大きく三つに分けて述べた。これらの三つは、文学の授業、鑑賞指導は、言語技術を身につける上からも、人間としてのありようを深く考えさせていく上からも、また、高尚で知的な楽しみを生活の中に持つ上からも、それぞれ極めて重要な意味を持つものである。

私は「言語技術」について深く関心を抱いているが、ともするとその流れが「文学作品軽視」に傾きかねないことには警戒を強めている。

「文学このよきもの」という思いは私の中にあって根強い。問題は「文学偏重」にあるのであり、「言語技術の不明確な感化主義」にある。これらの反省に立って、中庸を得た文学の指導法を確立していくことが急務である。関心のある方には、「日本言語技術教育学会」への入会をお奨めしたい。

2 文学作品を授業するわけ

1 文学の人気は断然高い

図書館に行けば、9類の「文学」という棚の本が断然多い。そして、貸し出しの率もここがやはり飛びぬけて多い。書店に行っても同じことが言える。文庫の大半は小説だ。

小さな本屋さんには、コミックが圧倒的に多く置かれるようになったが、それらも中身はいわば「文学」の仲間に入る。芥川賞や直木賞の発表は、多くの人に強い関心を持たれている。ノンフィクション文学という言葉があるように、ノンフィクションの中にも文学的色彩の強いものが多い。大まかに言えば、書物の中ではやはり文学に最も高い人気がある。

『国語教育指導用語辞典』［第三版］（一一八ページ　教育出版）に「読書傾向」が、次のように説明されている。

読書興味の発達は、おおよそ次のような傾向を持っている。

■小学校入学前

絵本中心で一部童話が交じる。

■小学校一・二年

童話が中心で、民話と絵本が一部加わる。男女差が出はじめる。

■同三・四年

伝記が中心であるが、本の種類は急激に分化する。男女差は徐々に大きくなる。

■同五・六年

推理小説・冒険小説・SFなどが中心を占める。

■中学校

純文学への傾斜が著しい。「趣味の本」や「学習参考書」などが増加してくる。本の種類の変化が少なくなる。

これによっても「文学」ジャンルの人気が常にトップであることがよく分かる。

2 目的は「楽しみ」「味わう」こと

文学は何のために生産されるか、という根本的な関心についても、授業者は一応承知しておくべきだ。しかし、あまり深入りすると却ってわからなくなる。実際的、具体的に考えてみる方がよい。

私の読書の半分は文学作品である。ほとんどが小説だが、詩歌、エッセイも好んで読む。何のために私は読むのかと自問すれば、答えは簡単である。先に述べた通り、読み「たい」から読むのである。面白いから読むのである。楽しいから読むのである。味わいを楽しむために読むのである。おそらく、文学の生産者である作家も、結局は「読まれるために」生産するのであろう。それは、つまり、読んで楽しんでもらうためだと言っても大きな誤りはあるまい。

「楽しむ」ということは、必ずしも「おもしろ、おかしい」ということではない。人生を深く考え、深刻に考えこむことも広い意味では、「楽しみ」の一つなのである。

3　文学の授業・二つの目的

子どもにとっての文学の享受は、教室の授業に限られてはいない。町の図書館でも読めるし、学校の図書館でも読めるし、友だちから借りても、自分で買っても読める。子どもは文学を一応は自力でも読めるのである。自力で楽しめるのである。

では、何のために文学の授業をするのか。その目的は二つある。

①深く楽しむため
②読み方を学ぶため

子どもは自力でも読める。しかし、その読みは必ずしも十分ではない。粗かったり浅かったり、偏ったりしている。それらを正しく深く、確かに読み、作品との出合いをもっと密度の濃いものにしていくために授業をする。授業を受けた子どもは、自分の力だけでは届かなかったレベルに到達した味わいを一層深くする。これが第一の目的である。

そのような活動を通じて、味わい方、読み方の技能を身につけていくというのが二つめの目的である。

これらは、次のように図解することができる。

文学の授業の目的
　①内容知の深化
　②方法知の練磨

4　文学を深く味わうとは

子どもに文学の授業をするということは、文学をより深く味わわせるということである。そのための手だての一つが発問であり、発問の良否によって子どもの読みとりは浅くも深くもなる。

では、発問はどのような役目を担っているのだろうか。

文学を味わうには、二つの面からのアプローチが大切だ。

文学作品の総合美＜内容美／形式美

その作品に描かれている人物、事件、筋などの面白さに引きつけられて、我々は文学を読み進めていく。これが「内容美」の享受である。

もう一つは、文体の美しさ、言葉の力強さなどを楽しみながら読み進めることだ。これはつまり、「描かれ方」「文学の形式」を楽しむ読み方で、私はそれを「形式美」の享受と呼んでいる。

これらの二つが渾然一体となった時、私たちは文学の「総合美」を存分に味わい、楽しみ、享受することができるのである。

この場合、それぞれに「美」という文字を付けてあるのは、文学が芸術の一分野であるとの認識による。「文学」は、言葉によって生み出される「芸術」である。そして、「芸術」はすべて「美」の探究、追求をその本質とする。そうであってみれば、文学もまたさまざまな人生の美学を追求する一分野なのである。

さて、それらの「美」を誰もが十全にとらえられるならば、特別の指導は不要である。我々があえて、「指導」をしようとするのは、その「美の享受」に、子どもたちが何らかの不備や不足や不十分さを見せるからなのだ。そこを補って十全なものに近づけてやることによって、子どもたちもまた文学のいっそうよき享受者になれるのである。

文学の授業における教材の十全なる享受を、何とかして子どもの個々に具現させてやりたいものだ。しかし、現実の子どもの鑑賞には、「不備、不足、不十分」がたくさんあって、理想の「十全」には遠い。

これを理想状態に接近させていくのが「指導」である。

5　内容美の享受要素

かように「指導」は子どもたちの鑑賞力を育成、伸張する上に不可欠のことである。そして、その「指導」の中核となるのがいわゆる「発問」なのだ。「発問」の良否、適否はそのまま子どもたちの鑑賞の水準や質に影響を与えていくことになる。

さてここで「発問」はどこに向けてなされるべきだろうか。言うまでもないが、それは「内容美」と「形式美」のよりよい享受に向けてなされなければならない。

では、「内容美」の享受を十全にするにはどうしたらよいのだろう。私はこれをさらに三つの領域に分けて考えている。

内容美
- 理（論理化）
- 相（映像化）
- 情（心情化）

①「理」の解

人物は誰か、主人公は誰か、どんな事件が、なぜ起こり、どんな事態になっているかというような事柄や関係の理解がなければ、作品を「理解」することはできない。

まずは説明文を読むときのように、書かれている事柄を正確に読みとれることが先決である。「なぜこのようなことになってしまったのか」というような発問は、事柄の論理的な関係を明らかにさせるために有効なものである。

②「相」の解

我々が作品を読んでいく場合、そこに描き出されている風景や情景をありありと脳裏に浮かべている。そのイメージの美しさに酔うこともしばしばである。そうであるからこそ、テレビや映画で文学の名作を見ると自分のイメージとのずれに失望することがあるのである。

「相」の解というのはイメージを描けるようにするということである。文学作品を読んでいく上で、イメージを文脈に即して豊かに描けるようにするということである。

文学作品を読んでいく上で、これは非常に大切なことである。

③「情」の解

イメージが豊かにありありと描けたことによって、我々はそれとほとんど不可分にある心情を体験する。悩みに悶える少女をイメージすれば、そこに憐憫《れんびん》の情を生むであろう。それはきわめて自然なことなのである。

イメージが豊かに描ければ描けるほど、心情もまた細やかに想起でき、同化でき、作品の世界に引きこまれていく。

6　形式美の享受要素

形式美
- 律（音楽的）
- 体（構造的）
- 語（言語的）

①「律」の解

五・七調や七・五調、あるいは四行詩、漢詩の頭韻や脚韻等々の美しさを感じとれるのは、文学作品の持つ音楽的な美しさを解するということである。とりわけ詩歌においては、「律の解」、あるいは「律の享受」はその作品の味わいに大きく、強い影響を与えることになる。

②「体」の解

「体」というのは、形、形式、形態、組織、構成、構造といった意味である。序・破・急、静・緩・激、近・

中・遠、起・承・転・結、伏線・展開・山場・結末、というような、効果的な構成をとり入れて作家はドラマを生もうとする。

これらの魅力を十全にとらえられるように導くことが望まれる。

③「語」の解

言葉の絶妙な選び方、布置の仕方の巧拙は作品の魅力を大きく左右することになる。入念な鑑賞者は、この微妙な効果を見逃さない。

言葉の選択や布置の適切さを十全に享受できることもまた重要な能力である。

3 私の教材研究メモから――その1 教材研究～発問づくり

1 演出言語への着目

「お手紙」という教材がある。光村図書二年下、教育出版一年下、東京書籍二年上の三社に採択されている。作者は、アーノルド・ローベル。アメリカの絵本作家で、一九八七年に没している。訳者は詩人・小説家の三木卓氏である。

この作品の中に次のようなパートがある。

「だれも、ぼくに　お手紙なんか　くれたことがないんだ。毎日、ぼくのゆうびんうけは、空っぽさ。

お手紙を　まっているときが　かなしいのは、そのためなのさ。」

ふたりとも、かなしい気分で、げんかんの前に　こしを下ろして　いました。

すると、かえるくんが言いました。

「ぼく、もう　家へ帰らなくっちゃ、がまくん。しなくちゃいけない　ことが、あるんだ。」

かえるくんは、大いそぎで　家へ帰りました。えんぴつと紙を見つけました。紙に何か書きました。

紙をふうとうに入れました。ふうとうに　こう書きました。

「がまがえるくんへ」

かえるくんは、家からとび出しました。知り合いのかたつむりくんに会いました。

「かたつむりくん。」

かえるくんが言いました。


私の教材研究のメモを少し再現してみることにしよう。何度も読み返しながら、本文に私はいろいろ、書きこみをしている。

お手紙なんかくれた……（演出言語）

私は、「なんか」に傍線を引き、「cf.　を」とメモをした。

・お手紙なんかくれたことが（原文）

・お手紙をくれたことが（比較文）

品詞で言えば「なんか」は助詞である。広辞苑ではその第二義に「望ましくないもの、価値の低いものとして挙げる」と解説されている。「お手紙をくれたことが」というように言えば、それは事務的などうということもない言い方になる。しかし、「お手紙なんか」と言えば、がまくんの投げやりで、自棄的な気分が表現されてくる。

私は、こういう言葉を「演出言語」と呼んでいる。単なる伝達ではない、ある種の心の態を感じとらせる演出性がある言葉である。

これに対して、「お手紙」「ぼく」「毎日」「ゆうびんうけ」などの名詞や「くれた」「ない」「まって」「かなしい」などの動詞や形容詞は、伝えようとする内容を具体的に持っているので、私は「伝達言語」と呼んでいる。

一般に伝達言語への関心が高く、

「何を待っていたの」――――お手紙

「だれがまっていたの」――がまくん

「何がかなしいの」――――ゆうびんうけがいつも空っぽなこと

というようなやりとりが多く、演出言語は関心の外に置かれやすい。したがって子どもの関心もとかく「伝達言語」に集中し、「演出言語」の効果には目を向けないことが多い。

しかし、文学教材の場合には、むしろ演出言語に登場人物の「心の態」が投影されていることが多く、味わうべき心情がそこに表現されていることが多い。私は教材文を読み進めていく場合にはむしろこのような表現に着目することが多い。子どもは一般にこういう演出言語の効果には目を注がず、読み流し、読み過ごしてしまう傾向があるからだ。

例えば、

「ふたりとも、かなしい気分で、げんかんの前に　こしを下ろしていました。」

における「ふたりとも」などという言葉も、私に言わせれば演出言語である。「ふたり」というのは明確に人数を伝えようとする伝達言語であるが、その下についている「とも」という言葉は、「ふたりは」と言いかえてもさして大きな意味の違いを生まない。だが、「演出言語」「ニュアンス言語」は極めて重要である。

「ふたりとも」という言い方には、二人の気持ちが一体となっていること、二人の間柄の親密さを表す効果が出ている。本当に悲しいのはがまくんであるが、がまくんの悲しい様子を見るにつけ、かえるくんもまた同様に悲しい気分になる。それが「ふたりとも」という表現から読みとれる。このような言葉に私は線を引いたり、〇印を連ねたりして読み進めていくのである。

そして、例えばここに合わせて、

悲しいのはがまくんなのに、なぜここには「ふたりともかなしい気分で」と書かれているのだろう。

というような「発問」を思いついたりするのである。

いつも空っぽのゆうびんうけを見つめながら、がまくんが悲しい気分になっているということそのことは、一年生の子どもにも十分に理解できるであろう。つまり、これらの表現によって「伝達」しようとしている内容はどの子にも同じように伝わるだろう。だが、その文章の絶妙な味わい、微妙な心のゆれ動きまで読みとらせるためには「指導」が必要になるのであり、そのことをすることが教師の務めなのである。

そして、そういう「指導しなければならないところ」を見つけることが非常に大切なことなのだ。それが見つけられないと、「なぞりと確認」という退屈な授業になってしまう。

子どもにはもうすでにわかっていることを、教師がもう一度なぞったり、確かめたりしていくのであるから、子どもたちにとってそれが魅力に乏しいのは当然のことである。そこには「向上的変容」というドラマは生まれない。それでは授業はつまらないものになる。当然のことだ。

こうやって「指導しなければならないところ」を見つけていくのは、授業をする者にとって大きな楽しみの一つである。

2 「実の発問」と「虚の発問」

さて、「げんかんの前に」二人は腰を下ろしていたのである。ここで、二つの発問が考えられる。

ア　二人はどこにすわっていたか。

イ　二人はなぜ「げんかんの前に」すわっていたのか。

アの解は「げんかんの前」である。正解が特定できる。この解は該当箇所を「指摘」すれば足りる。子どもは、指で解の部分を指すことができる。しかし、この問答の問いに何か新しい「生産性」が生じているだろうか。

「どこにすわっていたか」→「げんかんの前」という問答によって読みとりが深まったり、詳しくなったりはしない。つまり、このやりとりでは「向上的変容」を保障し得ないのである。だからこういう問答は無駄であり、かかる発問は愚問であり悪問であり、虚の発問である。

生産性のある発問を「実の発問」と呼び、生産性や向上的変容のないものを「虚の発問」と呼んでもいいかもしれない。

3 「なぜか?」と問う

ある時期「文学教材では、なぜか? という問い方はしないほうがいい」と言われていた。理屈っぽくなって文学の味わいにふさわしくないというのがその理由だった。文学はもっとそのままの形をイメージさせ、そのイメージがふくらむように「どのように?」というように問うのがいいと言われていた。「どんな気持ちだったか」という問い方は良いとされた。いまでも「気持ち発問」は多用されている。

ところで、私は「なぜか?」が文学教材でも必要であり、それは大変に有効な問いなのだという主張を長くしてきている。『国語教室の活性化』という本を明治図書から出版したのはもう四半世紀以上前になるが、その中で一節を設けて私は「文学教材でも『なぜか?』と問おう」と主張した。

いくつかの実践事例を紹介したので、これはかなりの反響があった。今では「なぜか?」と問うのはいけないなどという人はほとんどいなくなっている。それは当然のことである。

さて、先の第二の

イ　二人はなぜ「げんかんの前に」すわっていたのか。

という発問についての解は明かされていない。では、その解はないのか、というとそうではない。この解は、ポストが一番よく見える場所だからとするのが妥当であろう。がまくんにしてみれば、来信の有無が最も気になることであり、それを確かめたくて、「げんかんの前」にずっとすわっているのであるからだ。

アの解はすぐ分かる。見つければよい。ただし、そのことによって新たな学力はつくまい。それに対して、イの解は教材の文面を見ても「指摘」はできない。文意を十分に「理解」しなければ解は生まれてこない。しかし、よく読めばそれは誰にも納得できる。抵抗はあるが、努力をすればその解を得ることができる。そのことによって読解の力がつく。理解が深くなる。だからこういう問いを私は「実の発問」と呼ぶのだ。

発問は、要するに「実の発問」をつくることが大切なのである。それこそが「良問」であり、「すぐれた発問」なのである。「なぜか」と問うことは、多く「実の発問」に結びつく。

ただし、何でも「なぜか」と問いさえすればよいのではない。いくら読んでもわからないのにそう問うことはナンセンスだ。例えば「なぜ、がまくんは一人で住んでいるか」とか「なぜ、この日かえるくんはがまくんのところに来たのか」などと問うことには意味がない。解がないし、そんなことを考えさせたところで何の向上的変容も生まれはしないからだ。ちょっと読んだのでは分からないが、丹念に表現を読めば分かってくるという問いこそがすぐれた「実の問い」なのである。

4 「実の問い」の作問原理

「虚の発問」ではなく、「実の発問」をつくるには、どのようにすればいいのだろうか。

私は、まず自分が何度も何度も繰り返して教材を読み、自分なりの深い解釈を生み出すように努め、それによって発見できた解釈をメモとして本文に書きこんでいく。そして、要するに次のような該当箇所、該当表現の見当をつけるのである。

a　ここはとても大切な表現であるのに子どもは気が付かずに読み過ごしてしまうのではないか。
b　この表現の深い意味、本当の意味は、子どもには分からないだろう。
c　この表現は、あるいは誤解して受けとめられるのではないか。むしろ、反対の意味に解してしまうかもしれない。

このような箇所を私は作品解釈における子どもたちの「抵抗と限界」と呼んでいる。子どもたちにとって難しい「抵抗」と、子どもたちだけでは到達できない「限界」という意味である。「実の問い」は、「子どもの抵抗と限界」を見つけ出して、それに向けてつくればよいのである。

5 「抵抗と限界」のいろいろ

私は、子どもの読みとり、理解、解釈が望ましく十全であれば授業をしない方がよいと考えている。十分にわかっているのに、それを改めて「確認」したり、「なぞったり」するのは無駄である。「確認となぞり」は不要だということだ。「抵抗」も「限界」もないのに授業の手間暇をかけるのはナンセンスである。授業をするということは、子どもの中に次のような「好ましくない事態」が存在し、そのままにしておいたのでは「不備、不足、不十分」な読みとりに終わるという誤りを正すということなのである。

さて、子どもが見せる「抵抗と限界」、「不備、不足、不十分」にはどんなものがあるのだろうか。それを適切、的確に把握できれば、すぐれた発問は誰にでもつくれることになる。私は、その中身を次のように考えている。

ア　読み流し　↓　読み留まり
イ　読み誤り　↓　読み正し
ウ　読み過ごし　↓　読み深め
エ　読み狭め　↓　読み広げ
オ　読み散らし　↓　読み絞り

すぐれた「実の問い」をつくろうと考えるならば、「ア～オ」に至る表現箇所を自力で教師が見つけ出すようにしなければならない。その「見つけ出されたこと」が、つまり「指導事項」なのである。私の教材研究は、いわば、その指導事項を探すために繰り返し、繰り返し読むということになるのである。

ただし、誤解のないように断っておきたいのだが、子どもの「抵抗と限界」を「探すために」読むというのは、本来は誤りである。そういう「教えるタメ」「授業のタメ」「発問のタメ」に本文を読むというのは、本来的ではない。こういう「タメ読み」は、文学の世界における邪道である。

教師は、あくまでも自分の読みを本物にすべく、その作品を楽しんで、確かに、深く読み返すべきである。そういう本来的な営為、行為の結果として「自ずと」前掲のような事柄、表現、箇所、部分が見えてくること、絞り出されてくること、浮かびあがってくることこそが大切なのである。

要するに、教師は「一人の良き読者」としての力をつけることが大切なのであって、子どものタメにという「教師ヅラ」をした似非《えせ》読者になってはならないということである。この自戒は片時も忘れてはならない重要なポイントだ。

6　良問のつくり方

①表現への目配り

さて、かえるくんは、がまくんに対して言う。
「ぼく、もう　家へ帰らなくっちゃ、がまくん。しなくちゃいけない　ことが、あるんだ。」
私は、ここで、次のような発問をつくる。

なぜ、かえるくんは家に帰るのだろうか。

文面には「しなくちゃいけないこと」があるからだと書かれている。しかし、これは本当の理由ではない。もし、このように考えている子があるとすればその子は「読み誤り」をしているのである。あるいは「読み過ごし」をしているのである。そうであるならば、「読み正し」と「読み深め」が必要になってくるだろう。

かつての中教審の答申「詳細な読解に偏りがちであった文学教材の指導を改め」を引くまでもなく、そうならないように気をつけなければならない。

しかし、ここでは文学作品の教材研究における着眼点を述べる関係上、表現への眼配りをやや詳細にしてみたいと思う。

かえるくんは、大いそぎで　家へ帰りました。えんぴつと紙を見つけました。紙に何か書きました。紙をふうとうに入れました。ふうとうに　こう書きました。

「がまがえるくんへ」

初めの文の主語は「かえるくん」であり、述語は「帰りました」である。このことはどの子にも分かるだろう。だから例えば「かえるくんはどこに帰りましたか」とか「それからかえるくんはどうしたのですか」というような問いはいらない。そういう問いをしたら全員の子が正解をするだろう。気安めや賑やかしには役立つだろうが読解力を高める問答にはならない。つまりこれらは「虚の発問」である。

しかし、次のような問いは少し難しい。

かえるくんはなぜ大急ぎで家へ帰ったのか。

「大いそぎで」というのは副詞句である。帰り方の様子を述べている語句である。その理由は本文には書かれていない。だから、この問いには答えられない子どもが出てくる。だからこそ問う価値があるのだ。

②多様な反応を生み出す発問

私は発問の良否を見分ける一つの観点は「多様な反応」が生まれるかどうかにあるということを言ってきた。「多様な反応」が生ずるというのは、解釈が一様ではないということである。その差異を巡って議論をすれば、次第に正しい解に導かれることになる。そのプロセスで読解力が形成されていくのである。

さて、なぜかえるくんは「大いそぎで」家へ帰ったのだろうか。それは、一刻も早くがまくんを喜ばせてやりたいからである。ぐずぐずしていればそれだけ遅くなる。遅くなればそれだけがまくんの苦悩が長引くことになる。それでは友だちとしてやりきれない——。

子どもたちはそこまで読みとれるだろうか。少なくともすべての子どもがそう読みとれるとは考えられない。もっと本音を言えば、先のように読みとれる子どもの方が少ないだろう。つまり、先の問いは子どもたちの持つ「抵抗と限界」を衝いていることになるのだ。

「分かる子」と「分からない子」が分かれるような発問は良い発問である。発問をしなければ、どの子も分かっているように見える。しかし、あるフィルターにかければたちまちに分かる子と分からない子とが選別される。分からない子どもには指導を加えなければならない。指導を加える必要のある子を選り分けるフィルターが「発問」なのである。

「なぜ大急ぎで帰ったのか」という発問は、実の発問であり、良問と言えよう。

例えばこのようにして私は発問をつくるように努めているのである。

7　表現のおかしみをとらえる

①「語」の適切さに気付かせる

二番めの文は「えんぴつと紙を見つけました」とある。主語が省略されているが、言うまでもなく主語はかえるくんである。

私はこの文の「見つけました」におかしみを感じる。なぜ「えんぴつと紙を取り出しました」とせずに

「見つけました」としたのだろうか。

おそらくそれは、かえるくんの日常は「書く」ということが極めて稀にしかないからだろうと思う。すぐに迷わず取り出せるようなところに「えんぴつと紙」はないのだろう。友情は熱く滾《たぎ》っているというのに、「えんぴつと紙」は「見つけ」出さなくてはいけない日常であるというところに滑稽味があって微笑ましい。とぼけた巧みなユーモアだ。

さて、ではどのような発問が考えられるのだろうか。私は次のように考えている。

なぜ、「取り出しました」とか、「用意しました」と書いてないのだろうか。

このように問えば、子どもたちは次の二つを比較してその意味の違いを考えるだろう。

ア　えんぴつと紙を――取り出しました。
イ　えんぴつと紙を――見つけました。

このように比べれば、イの方が時間を要したであろうことに気付くのではないか。アは、さほどの時間を要する書き方ではない。このような発問は、「書きぶり」によって文意のニュアンスに違いが生まれてくることに気付かせ得る。これも大切な指導事項である。

文学作品の内包する美しさや魅力を私は

A　内容美――（理・相・情）

Ｂ　形式美――（律・体・語）

というように構造化して考えていることは既に述べた。とかく文学作品の指導はＡに偏ってＢの形式美への気付きを軽んじがちである。ほとんどが、内容を深く豊かに味わわせることに力点を置き、作品が備えている形式上の美や魅力には気付かせず終いになりがちだ。

先に述べた発問は、形式美への着目を促す問いの例であり、特に「語」の適切さ、美しさを味わわせるためのものである。

②場面の妙を楽しむ

先に読み進めてみよう。

かえるくんは、家からとび出しました。知り合いのかたつむりくんに会いました。

「かたつむりくん。」

かえるくんが言いました。

「おねがいだけど、このお手紙を　がまくんの家へ　もっていって、ゆうびんうけに　入れてきてくれないかい。」

「まかせてくれよ。」

かたつむりくんが言いました。

「すぐやるぜ。」

実に面白い場面である。事態は急テンポで進行しているというのに、何ともとぼけてのんびりした人物と会話のやりとりがなされているではないか。

③かえるくんの興奮

文には次のように書かれている。

「かえるくんは、家からとび出しました」

ここでは「とび出しました」が重要だ。なぜかえるくんはとび出したのだろう。言うまでもなく一刻も早くがまくんのところに手紙を届けて喜ばせてやりたいからである。これは前にも書かれている「大いそぎで　家へ帰りました」という表現と符合する。

だから私は念のためにやはり、

なぜかえるくんは家からとび出したのか。

というように問うてみたい。どの子も分かるだろうとは思うが、もし分からない子がいたならばやはり指導しなくてはいけないだろう。というのは、ここの大慌ての様子や気持ちが読みとれないと、後に出てくる「かたつむりくん」に頼んだことのおかしさが半減してしまうからである。

もしも、この手紙をとんぼや蝶に頼んだとしたら、この作品の持つとぼけた味わいはなくなってしまう。かたつむりに手紙を託するというとぼけの発想はやはりずば抜けている。

④かたつむりくんの応対

かたつむりは、どう考えても急用には不向きである。だからかたつむりは本来断るべきなのである。身の程を知るべきなのだが、当のかたつむりは「まかせてくれよ」と言っている。ここが滅法面白い。その上に、何と「すぐやるぜ」とも付け加えている。

どっちみち、たかがかたつむりのやることである。すぐだろうと、すぐでなかろうと大差はないはずなのに、「すぐやるぜ」と張り切っているところのとぼけた味わいが絶妙である。

さて、これらを味わわせるためにはどのような発問をしたらよいだろうか。私は次のようにしてみようと思う。

この場面はとってもおかしいね。面白いよね。

というようにまず言ってしまう。

子どもも、うすうすはここのおかしさは感じとっていると思うので、まずそのことを共有してしまうことにする。子どもたちはきっと、「うん、うん」と頷くことだろう。

さて、そうしておいてから次のように問うてみる。

その面白さやおかしさはどうして生まれてくるのだろうかねえ。なぜここが面白かったりおかしかったりするのだろうか。

この問いは、二年生の子どもには難しいだろうことは承知している。答えられなければ教えればいい。しかし「おかしさや面白さの理由」を考えさせることは大切である。こういう問いに答えられるようにすることが論理的思考力を育てることになるからである。「面白い」「おかしい」ということを、構造的、論理的に分析してみるという鑑賞態度が大切なのである。

この問いの解は、

ア　急ぐのにのろいかたつむりに頼む矛盾

イ　のろいくせに、「すぐやるぜ」とか、「まかせてくれよ」などと言う過剰な自信

というようなことになるだろう。私は、いつもこんなように作品を読みほどいていくのだが、これがめっぽう楽しくてたまらない。

4　私の教材研究メモから――その2　音読の指導

1　「がまくん」の読み方

話は大きな二番めの場面に展開する。

それから、かえるくんは、がまくんの家へもどりました。

がまくんは、ベッドで　お昼ねをしていました。

「がまくん。」

かえるくんが言いました。

「きみ、おきてさ、お手紙が来るのを、もうちょっと　まってみたらいいと思うな。」

「いやだよ。」

がまくんが言いました。

「ぼく、もう　まっているの、あきあきしたよ。」


がまくんの「お昼寝」は、一種のふて寝ともとれるだろう。そうはとらず、単なるお昼寝ととってもよい。それは文章の上からは規定しきれない。

しかし、どのように考えた方が面白くなるかということは重要である。「そう考えるよりも、こう考えた方が面白いというように読みとることが大切だ」というのは、私が若い頃、西郷竹彦先生が話してくれたことである。むろん、いずれの考え方も文脈に矛盾したり、反したりしない範囲でのことだが――。

さて、かえるくんががまくんには内緒でがまくんあての手紙を書き、素知らぬ顔でがまくんのところにやってきて、最初に発する言葉が「がまくん」である。私は、ここの読み方、音読の仕方に大いにこだわらせてみたい思いがある。

心の内には「ぼくが手紙を書いて出したんだから」という自信がある。それは間違いなくがまくんを大喜びさせることになる。それを悟られまいと気遣いながら、しかし、心の内の喜びは否定し難い。そういう心理状態の中で発する「がまくん」である。子どもに読ませれば、何の変哲もない平板で平凡な「がまくん」という音読になるだろう。指導を加えない前の読み方はそれでよいのである。しかし、それでは不合格な読み方だ。不備もあり、不足もあり、不十分さもある。だから「指導」が必要になるのである。かえるくんの心の中を思えば「がまくん」という所の音読はいろいろのバラエティーをもって読める。

「がーまくんっ」……………a
「がまくん!」………………b
「がまくんっ」………………c
「がまくーん」………………d

いずれも、普通の読み方ではない。いずれも心の中の嬉しさを隠しきれない読み方で、それは日常的、事務的読み方とは少し違う。誰かに読ませた後に「今の読み方は百点か?」と問えば、子どもははてなと考え始めるに違いない。そして、文脈や心理にふさわしい音読の仕方をいろいろと考え始めることだろう。そのように考え、それにふさわしく読もうとすることが「読解力」「鑑賞力」を育てることになるのである。かえるくんの表情はにこやかであろう。心の中は自分のすばらしい思いつきとその成果を考えてわくわくしているだろうからだ。しかし、それをあからさまに悟られたのではまずい。悟られまいとして、それでいて嬉しさを隠しきれない。そういう「がまくん」の読み方である。

子どもの表現に限界があれば、教師の範読が大切になってくる。教師の望ましい読み方は子どもたちに新鮮な驚きを与えるだろう。それもまた授業の喜びである。

2　表記と音読表現のずれの当否

教材本文には「がまくん」としか書かれていない。それを、aのように「がーまくんっ」と音読していいものだろうか。またbのようには表記されていない。cのようにもdのようにも書かれていない。表記と違った音読をすることは許されるのだろうか。

実は、ここには確たる解があるわけではない。中にはそれは良くないと否定する考えもあるだろう。しかし、私はいろいろの読み方をして良いのだという立場をはっきり明言している。

文字表記というものには、音声的表現のニュアンスまでは規定できない限界がある。声の質や軽重、大小、緩急、長短といったニュアンスは読み手の個性によって表現されるものである。

「くじらぐも」（中川李枝子）の中に「みんなでとぼう、一、二、三」という表記がある。動作を伴ってこれを読めば、「いーち、にい、さっあん」ということになり、その方が自然である。表記どおりに「一、二、三」と平板に読んだのでは飛び上がる動作を伴わせるわけにはいかない。

つまり、文字の表記は一応の目安であって、音読の場合に文脈にふさわしく妥当な範囲で読み方がアレンジされるのはむしろ望ましいことと心得るべきである。

3　「きみ、おきてさ…」の読み方

このかえるくんの言葉も、何気なく読ませて終わるということにはしたくない。かえるくんが、がまくんを起こして一緒に手紙を待ちたいという秘密のじれったさを表現できなくてはいけない。

子どもに読ませた後に「今の読み方で良いか」と問うのが一番良いだろう。

これを「どう読むか」という問いにすると、いろいろの理屈を言う子が出るが、さてそれを音読に具体化するとなるとたんに難しくなる。読んだ具体的な事実について検討させていき、それによって望ましい音読を生み出していく方が分かりやすいと思う。

4　がまくんの応答の読み方

かえるくんの前向きで張り切った心の中に比べてがまくんの心の中は冴えない。「いやだよ」の読み方は少し拗ねた読み方の方がふさわしいだろう。続く「ぼく、もう　まっているの、あきあきしたよ」という言葉も同様である。

しかし、この読み方は単に拗ねた感じを出せばよいだけのことで、かえるくんの言葉の読み方に比べればずっと容易である。しかし、本当の面白みは、実はこの二人のかけ合いのような読み比べにあると言ってもよいだろう。「かえるの心、がま知らず」といった調子のちぐはぐなところが実は面白いのである。

それは次の文でいっそうよく分かることになる。

5　私の教材研究メモから――その3　書かせる

1　かえるくんはなぜ教えないのか

かえるくんは、まどからゆうびんうけを見ました。かたつむりくんは、まだ　やって来ません。

「がまくん。」

かえるくんが言いました。

「ひょっとして、だれかが、きみにお手紙を　くれるかもしれないだろう。」

「そんなこと、あるものかい。」

がまくんが言いました。

「ぼくに　お手紙をくれる人なんて、いるとは思えないよ。」

かえるくんは、まどから　のぞきました。

かたつむりくんは、まだ　やって来ません。

「でもね、がまくん。」

かえるくんが言いました。

「きょうは、だれかが、きみに　お手紙　くれるかもしれないよ。」

「ばからしいこと、言うなよ。」

がまくんが言いました。

「今まで、だれも、お手紙　くれなかったんだぜ。きょうだって　同じだろうよ。」

かえるくんは、まどから　のぞきました。

かたつむりくんは、まだ　やって来ません。


かえるくんは自分が発信した手紙が必ず来ると知っている。それを悟られまいとしながら、しかし、自分のそわそわした気持ちは隠せない。また、何としても失望しているがまくんを喜びに飛び上がらせてやりたい、と思っている。そこの所の昂揚と用心深さとが絶妙な言葉のやりとりの中に内包されている。実に読み応えのある場面である。

さて、ここではどのような発問が生み出されるべきであろうか。ここでの面白さの核は、手紙を出したという自分の事実を伝えないかえるくんの心の中のちぐはぐな葛藤にあると言えるだろう。私はずばりと問うてみたい。

なぜ「だって、ぼくが出したんだぜ」と、言ってしまわないのだろうか。

これは、あまりにも芸のない問い方である。しかし、これが解けないと、この場面のはらはらした心の疼《うず》きは読みとれない。次のような解が子どもからは出されてくるだろう。

ア　それを教えてしまったら、がまくんの受けとる時の喜びが小さくなるから。
イ　かえるくんはそれを隠しておいて喜ばせたいのだから、それを言ってしまったらつまらなくなってしまうから。
ウ　本当に手紙が来たという事実で喜ばせたいのに、先にそれを教えてしまったらもう面白くなくなってしまうから。

いずれも妥当な解である。

2　解を「書かせること」が大切

発問をした後で子どもを見廻していれば、必ず数人の子どもが挙手をするだろう。これをさせないで「ノートに書かせる」ことが肝要なのである。先にも書いたことだが、ノートに書くことを命ずればすべての子どもが一人ひとり「自分の解」を「自分の力」でつくることになる。そうなれば、それだけ解も多様になり、対立や差異も生まれてくる。そこを問題にすれば解釈も深くなるということなのだ。

さて、前掲の三つの解はいずれも当を得ている。文学における解は「点」ではなく一般に「面」である。ある圏内に入っていればそれで良いとすべきである。ただし、その「面」の中心の的を射ていなければならない。そのような解の「限定」ができるような発問をしなければならない。

かえるくんは、「きょうは、だれかが、きみに　お手紙　くれるかもしれないよ」とがまくんに言っている。「どんな気持ちで言っているのだろう」という発問をした場合には、解の限定は困難である。それは書かれていないし、どのように想像したにしても大きなずれはないだろうからである。

いずれにしても「書かせる」ことによって解の相は多様になり、正解からのさまざまな距離が顕在化されてくる。正解からはずれているものは近付ける指導をしなければならない。書かせなければ一人ひとりの読みとりの診断はできないし、個に応じた指導も成立しなくなる。

3　なぜ、二度同じ表現が出てくるか

次の言葉は、二度とも全く同じである。

かえるくんは、まどから　のぞきました。

かたつむりくんは、まだ　やってきません。


「ぴったり同じ表現」という点が曲者である。低学年や幼児に向けて作られた話にはこのようなリフレインが多用されている。幼い子どもは繰り返しの表現を好むからである。

だから、大人であれば、「なぜ、ぴったり同じ言葉が繰り返されているか」と問えば、「子どもは繰り返しの表現を好むから」という答えを出すかもしれない。それは一つの正解である。しかし、子どもからそういう解が返ってくることはまずないであろう。

このような「発問」は、私が「注目機能」と名付けている働きをするものである。問われることによって「おや、そう言えばそうなっているなあ」と気付いてその表現に特に注目するようになる。注目するに値する特別の表現なのである。

この表現には二つのことが書かれている。

一つはかえるくんが「まどからのぞいた」ということであり、もう一つは「かたつむりくんは、まだやってきません」ということである。ここにはかえるくんの「待ちあぐねて落ちつかない気持ち」が表現されている。

子どもたちは、「かえるくんはすごく待ち遠しいので同じ言い方をした」とか「かたつむりくんをすごく待っていたから」というように答えるかもしれない。それで十分である。大切なことは全く同じ表現がなされているということに気付くことである。「同じ思い」を募らせているから繰り返すのである。

4　心情同化、人物理解へ

そわそわと落ちつかないかえるくんの様子に気付いたがまくんが、かえるくんに尋ねるところから話が急テンポで展開していくことになる。文章は次のように進んでいく。


「かえるくん、どうして、きみ、ずっと　まどの外を見ているの。」

がまくんがたずねました。

「だって、今、ぼく、お手紙をまっているんだもの。」

かえるくんが言いました。

「でも、来《き》やしないよ。」

がまくんが言いました。

「きっと来るよ。」

かえるくんが言いました。

「だって、ぼくが、きみに　お手紙出したんだもの。」

「きみが。」

がまくんが言いました。

「お手紙に、なんて書いたの。」

かえるくんが言いました。

「ぼくは、こう書いたんだ。

『親愛《あい》なる　がまがえるくん。ぼくは、きみが　ぼくの親友であることを、うれしく思っています。

　きみの親友、かえる。』」

「ああ。」

がまくんが言いました。

「とても　いいお手紙だ。」


とうとうかえるくんはかたつむりくんを待ちきれなくなって自分から言い出してしまう。もう、ここまで待ったのだから、かえるくんの告白を責めるわけにはいくまい。あどけない話として快く受け容れることにしよう。

先の発問の発展として、「ぼくが出した」と言わずに我慢していたかえるくんはここでとうとう自分から話してしまったことについて

　このかえるくんは、だらしがないと思うか、思わないか。


ということはぜひ聞いてみたい。私ならば「そう思う者は○を、そう思わない者は×をつけなさい」という指示を出す。

読みの浅い子どもや、こちこちの道徳観念論者の子どもは○をつけ、「だらしがない」とかえるくんを糾弾するかもしれない。

文学は、もっと人間らしい心情を大切にする。ここまで我慢してきたかえるくんをむしろ天晴《あっぱれ》と評価で

きるのだ。かえるくんのこの自分からのぽろりとした告白をむしろ、かわいらしい、あどけないというように見る。子どもにもそういう「心情同化」「人間理解」をさせたいと私は考える。それが文学を読む価値である。

5　かえるくんの手紙の文面を味わう

がまくんは、待望の手紙がくるというのでどんなに喜んだことだろう。それは、がまくんが、「きみが。」と驚いて問い返した後にすぐ続けて「お手紙に、なんて書いたの」と問うていることからも察しがつく。もう、手紙の中身が知りたくてたまらないのである。それはつまりは心中の期待と喜びの大きさを表してもいる。

また、その手紙の文面が何ともいい。文は三つしかない。その三つの文は、きちんと手紙文の形式を守って書かれ、無駄なものは一切ない。簡潔この上なく、しかも十分に心を尽くした内容を押さえている。そうであるからこそがまくんは感嘆するのである。「ああ。」と、感嘆の言葉を口から洩らして、がまくんはちょっと口を噤《つぐ》む。ちょっと間をおいて、それから「とてもいいお手紙だ」と、これ以上短くは言えない簡潔さで胸中の思いを述べる。

さて、手紙の文面のすばらしさを子どもに分からせるためには、どのような発問をしたら良いのだろうか。例えば次のような発問はどうだろう。

かえるくんの手紙は少し短かすぎやしないかねえ。どうだい、そう思う人はノートに○、そう思わない人は×をつけてごらん。

この発問は、いわば一種の「誘導尋問」である。私は、このような誘導的な発問をよく仕掛ける。これは、本当に確かに読めているかどうかを「ゆさぶる」発問でもある。「そう言えば、ちょっと短すぎるなあ」と考えてしまう子は、私の誘導に引っかかった子どもであり、読みとりがしっかりしていない子である。
○をつけた側も、×をつけた側にもそれぞれきちんと理由を述べさせることが肝要である。
○をつけた子どもはきちんとした理由が述べられないだろうと思う。「そんな気がする」という印象程度しか述べられまい。反対に×をつけた子どもは次のような点を述べると思う。

・二人は親友だという一番大切なことが書かれているからそれで十分だ。
・相手のがまくんがすごく満足しているのだからこれで十分なのだ。
・ちゃんと手紙の文章の形をとっているのだからこれで十分だ。

子どもからの解が不十分であったならば、教師がこのような三点からの解説をしてやればよい。○をつけた子も納得するだろう。

6 私の教材研究メモから――その4 有益な指導とは

それから、ふたりは、げんかんに出て、お手紙の来るのを　まっていました。
ふたりとも、とても　しあわせな気もちで、そこにすわっていました。

1 発問の「注目機能」

いい場面である。いい場面だなあ、と分かればもうそれでよいのだが、その分かり方を深め、豊かにするにはどのような手ほどきや診断が必要になるのだろうか。

ここには文が二つある。第一の文には、別に難しいところはない。しかし、第二の文にはちょっとこだわらせてみたいところがある。それはどこだろうか。

それは「ふたりとも」という表現である。

「ふたりは」ではない。「ふたりとも」と書いてある。第一の文には「ふたりは」と書いてあるのに、第二の文では「ふたりとも」となっている。これはどうしてなのだろうか。ここにこだわらせるにはどうしたらよいか。どう問えばよいか。

さらさらと読んでいたのではこういう表現の微妙な違いには気が付かない。その微妙な違いに気付かせるために問うのである。問われることによって初めて「なるほど違うわい」と分かってくる。

発問の機能の一つに「注目機能」というものがあると私は指摘してきた。「問われて初めて見えてくる」「問われて気付く」「問われてそこに目を注ぐ」ということがある。そして、そのことの意義は大きい。

先にも述べたが、「ごんぎつね」の表現の中に「くりがかためて置いてあるのが、目につきました」という所がある。これを「くりが置いてある」というように「かためて」という一語に気付かずに読み流すことが多い。私もそういう雑な読み方をしていた。

しかし、ただ単にその栗は「置かれて」いたのではない。「かためて」置かれていたのである。この一語は、ごんの心の中の思いを読みとる上で非常に重要である。だから「なぜ、かためて置いてあったのだろう」という発問は実に重いのである。そう問われれば、「え？ そんなことが書いてあったっけ」と改めて本文を丹念に読むことになるのである。「かためて」の一語を発見したのは、千葉大学の岩沢文雄先生だった。

斎藤隆介の名作「八郎」の中にも、八郎が海に入っていく時に、わらしこを見て、「ちら、と笑」うところがある。「なぜ、八郎は、ちら、と笑ったのか」という問いによって、八郎がすでにこのとき死を覚悟していたのではないかと読むことができる。

発問の「注目機能」によって、子どもたちの読みをこのように深めることができるのである。

2 表現を重視した場合の発問

さて、元に戻って「ふたりとも」という表現の意味を考えてみよう。「ふたりは」では、行動の主体が「ふたり」であることは分かるが、「心のつながり」までは伝えられない。

第一の文は、「それから、ふたりは、げんかんに出て、お手紙の来るのを　まっていました。」とある。いわばこれは平叙文である。報告の文である。

これに続く第二の文は、「ふたりとも、とても　しあわせな気もちで、そこにすわっていました。」とあって、これは第一文の「反復」を伴った強調表現になっている。第一の文で一応の必要情報は伝達済みであるのに、わざわざ第二の文を重複させて意味を強調していると考えられる。

そこで「ふたりとも」となるのである。「ふたりとも」は、もはや「二人で一人」なのだ。一心同体となって「とてもしあわせな気持ち」に浸っているのである。この、二人の友情のクライマックスを、ぜひ子どもたちにも十分分かってもらいたいものだ。そのためには、どんな発問をつくったらよいだろう。

例えば、次のようなものが考えられる。

ア　第一の文には「ふたりは」と書いてあるのに、第二の文では「ふたりとも」と書いてある。これはなぜか。
イ　「ふたりは」と「ふたりとも」とではどのように意味が違ってくるか。

この二つの発問は、いずれも「は」と「とも」とをこちらから指摘して見せてしまっている。やや程度を落とした問いであるが、両者の理由を説明させるとなると、やさしくはない。

発問を考える場合には必ず「正解」を教師が自分でつくらなくていけない。自分の解を持たずに問うことによって「オープンエンド」にし、「解を特定しない」ことが子どもの思考力を育てるのだなどと言う向きもあるが、私ははっきりそれを否定する。それでは「活動あって指導なし」ということになってしまう。授業の最も大切な役目であるところの「学力形成」がそれでは保障できないからである。

アの正解は、

「ふたりとも」とすることによって、二人が一人のようになって幸せを感じ合っているからだ。

とてもなろうか。

イの正解は、「ふたりは、という言い方では別々の一人と一人という感じがするのに対して、『ふたりとも』とすると、ふたりが一体になっているという感じが出てくる」というように言えればよいだろう。

3 学力形成に培う発問

別の問いも考えられる。

ウ　二人が本当に仲良しの親友どうしであることはどの言葉で分かるか。

このように問いかければ、子どもたちは例えば次のように答えてくるだろう。

・「ふたりは一緒に手紙を待っている」から。

・「ふたりともとてもしあわせな気持ち」だから。

これらは、「は」と「とも」の違いには気付いていない。そこで、さらに追いこむ。

エ　とても短い言葉だが、二人が大変な仲良しだと分かるものがある。それはどれか。

子どもにはこうまで問うても分からないかもしれない。そうであったならば、教師が解を示せばよい。

子どもたちはきっと納得し、「とも」の一語の働きの重みに気付くことだろう。

このようにして、一般的には格別の意味を持っていない「とも」を用いることによって深い心の中の表現が可能になることに気付かされる。実はこういうことが国語の授業には存在しなければならない。かくて学力が形成され、言語感覚もまた養われていくことになるのである。

4　教師自身の読みの深さを

最後の場面は次のように描かれている。

長いこと　まっていました。
四日たって、かたつむりくんが、がまくんの家につきました。
そして、かえるくんからのお手紙を、がまくんに　わたしました。
お手紙をもらって、がまくんは、とても　よろこびました。

以上出典　光村図書　平成二十三年版教科書『こくご　二下　赤とんぼ』

誰も手紙をくれる者がないことを嘆いていたがまくんのところに、とうとう手紙が届いたという結末である。

ここには、格別難解な表現は見られない。ラストシーンだから、あまり詮索することなしにさらりと読んで終わりにするという扱いもある。それでもよい。

もし、強いて扱うとすれば次のような指導は有意義であろう。

第一の文に「長いこと　まっていました」とある。「長いこと」は「四日」であることが次の文で分かる。

この四日間、ふたりともずっと待っていたことになる。この一文に格別注目させることによって、ふたりの友情の深さ、その一途さを読みとらせることができるだろう。

また、かたつむりも、おそらくは持てる限りの「全速力」でこの手紙を届けるべく頑張ったのであろう。この物語に登場する人物は、みんな「あたたか」で「本気」で「一生懸命」である。それらが何とも言えないおおらかなユーモアを生み出している。

教師は「教える」ことにのみ心を奪われるのではなく、まず自身がこの物語世界の牧歌性やメルヘン性を愛しむ心のゆとりを持つべきだろう。教師による上手な範読などもきっと子どもの心を深く耕すことに役立つに違いない。


結局は教える側の教師の力量が高くなければ、よい指導は成立しないということなのだ。

二 説明文の読解

子どもの読みとりには不完全さがある。だからこそ、読みを正しく導き、正しい読み方の技術を指導しなければならない。

1 焦点精査の指導

1 説明文の「焦点精査」

教育課程審議会が平成十年改訂の学習指導要領で「文学教材の詳細な読解に偏りがちであった指導の在り方を改め」と指摘した。文学教材については、この指摘によってかなりの改善が図られているように思われるのだが、さて、説明文についてはどうであろうか。

こと「読解指導」に関して言えば、説明文の授業についても実は同様の指摘をされて然るべきである。一時間に二ページ弱というのが、これまでの標準的な授業の進行具合であった。これは悠長すぎる。どこもかしこも精読していくという「全文精査」主義の弊は、説明文についても及んでいる。説明文についても読解指導は「焦点精査」であるべきだ。

2 「焦点精査」のポイント

子ども向けに書かれた文章というものは、原則的には教師の手助けを必要としてはいない。子どもの力だけで読みとれるような文章を少なくとも筆者は心がけて書いているはずである。そうでなければ、それは悪文ということになる。だから、子ども向けの文章については原則的には教師の援助は不要だということになる。

では、読解指導は要らないのかというとそれは違う。読解指導は必要なのである。子どもの読みとりが、いつでも、どこでも完全になされる場合にのみ読解指導は不要ということになる。

ところが、子どもの読みとりには当然のことながら不完全さがある。「二メートルもある瀧を乗り越えて上流へ上流へと泳いでいきます」という文章の「二メートルもある」のを瀧の落下する「幅」であるととらえる子どもが二割程度は存在する。つまり、子どもの読みとりの中には、このような、不備、不足、不十分（抵抗と限界）が存在する。これをそのままに捨てておいてはいけない。そこには「指導」が加えられなければならない。読みを正しく導くとともに、正しい読み方の技術を指導していかなくてはいけない。それが「読解指導」である。

このように、必要にして欠くべからざる所だけを選び出し、取り立てて、そこを中心に指導を加えていくのが、「焦点精査」である。焦点精査のポイントは、要するに子どもが必要としている指導箇所を厳選して指導をすることなのだ。

別の表現をすれば、「指導事項の厳選」ということなのだが、さて実はここのところが最も難しい。このあたりの事情は医療とよく似ている。名医は「診断」が的確なのである。力のない医者は、病変の原因を的確につきとめることができない。世に言う「誤診」は、そのまま教室における授業にもそっくり当てはまる。

ただ一つの大きな違いは、医療ミスは生命にかかわってくるが、授業ミスは明確な被害を認識できないという点にある。生命にはかかわらないが、精神的なロスやミスを生むことにはなってくる。その責任も実は大きいのである。

2 教材研究――その1 読みとり

「『便利』ということ」という教材がある（太田正己　教育出版四年下）。「便利」ということについて、その本質を問い直し、「たくさんの人々がそれぞれちがった立場で、いっしょにくらしているのだから、だれにとって便利であり、だれにとってはそうではないかを見きわめていくことが大切だ」と結論づけた一種の評論文である。

これを例にとりながら、説明文の教材研究を考えてみよう。

便宜上、形式段落に番号をつけて区切りのよいところでまとめながら抄出してみる。

1　書き出しの五段落めまでの指導事項

①これは、友人がわたしに聞かせてくれた話です。

②私の知り合いに、耳の不自由な女性《せい》がいます。その人が一人で住んでいる家を、友人が初めてた

ずねた時のことです。家のげんかんには、チャイムが付けられていました。チャイムは、人がたずねてきたことを知るのに便利なものです。しかし、この時、友人は、「チャイムの音は聞こえないのではないか。」と思い、とまどいながらも、チャイムをおしてみました。すると、すぐにドアが開いて、にこやかな出むかえを受けました。

③どうして、チャイムをおしたことがわかったのでしょう。

④実は、げんかんのチャイムをおすと、家の中の数か所に取り付けられたライトが光る仕組みになっていたのです。感心している友人に、その人はちょっといたずらっぽく、手話で言ったそうです。

「どう、便利でしょ。」

⑤友人も、「たしかに、この仕組みはとても便利だ。」と感じました。と同時に、「目の不自由な人にとっては、やはり音で知らせるチャイムが便利だろう。」とも思ったのでした。

⑤段落が終わると一行分空いている。形式的にも内容的にもここまでで一つの区切りで意味段落をつくっていることが分かる。

標準的な四年生の子どもが、ここまでを声に出して読み、あるいは黙読をしたとして格別困難を感ずる表現があるだろうか。

①段は何の抵抗もないだろう。③段も同様である。②段では「とまどいながら」という問題語句がやや難しいかもしれないが、他には特にないと思われる。

④段はどうか。「手話」という言葉は当節ではどの子も知っている。とすると、ここでは内容理解上、指導しなくてはいけないような特別の言葉や言い廻しはなさそうだ。

しかし、ここで注意をしなくてはいけないことが一つある。読解指導では、書かれている「内容」が分かりさえすればよいのではない。もう一つ「どのように書かれているか」という「表現上の仕組み」の理解を欠くことができないということである。

例えば、「わたしに聞かせてくれた話」というのは②段落のことなのか、それとも④⑤段も含むのかという問題がある。正解は⑤段までを含むのであるが、これをきちんと摑めない子もいるだろう。

また、③段はいわゆる「問題提示」段落であり、その答えは④段に書かれているというような「問い——答え」という文章上の仕組みも理解させる必要がある。あるいはそういう関係に気付き、意識付ける必要がある。そうしておくことによって、以後の読解を望ましく導くヒントを与えることになるからである。

④段に「ちょっといたずらっぽく」という副詞句があるが、これは内容伝達上不可欠の表現とは言えない。つまりここのところは、次のように書いてもよいはずだ。

感心している友人に、その人は手話で言ったそうです。

では、「ちょっといたずらっぽく」という副詞句、あるいは挿入句は何のために入れられているのだろうか。このような表現上の意義や効果については、教師に問われないかぎり子どもの力だけでは気付かない。そういうところこそ、教師による「指導」によって子どもの読解力を高めてやらなくてはいけないのである。

2　五段落めまでの「発問」

このように教材本文を見てきた時に、読解指導上必要になってくる発問にはどんなものが考えられるだろうか。

音読を二、三度させた後に次のような発問をすることが望ましいと私は考えている。

ア　友人の「話」はどこからどこまでか。段落の番号を書きなさい。

正解は②③④⑤段落である。

イ　友人の「体験談」は一言で言うとどういう話か。三文以内で書きなさい。

正解例としては「耳の不自由な女性を訪ねた折に、玄関のチャイムを押したらすぐに迎えに出た。チャイムを押すと家の中の数か所のライトが光るようになっていた。その女性は『便利でしょ』と手話で言った」。

こういう解はなるべく短く表現させたい。要するにこういうことだったと分かればいいのだからである。

ウ　「ちょっと、いたずらっぽく」という表現はなくても意味が通じる。なぜこんな言葉を加えているのだろうか。

その女性は聴覚障害者である。しかし、その生き方にはそれらの障害を乗り越えているユーモアや明るさがある。その前向きで明るい生き方を「ちょっといたずらっぽく」という表現がよく表している。同様のことは②段に書かれている「にこやかな出迎え」の「にこやかな」についてもあてはまる。

このような表現が「演出言語」である。「伝達言語」の実用性をカバーして、うるおいを生む演出効果のある表現だからである。

この他に、私は「玄関、訪ね、出迎え」などの「漢字表記」を教える。また「知り合い」は「知人」、「耳の不自由な女性」を「聾《ろう》者」あるいは「聴覚障害者」と呼ぶことも教えていく。ものの三分とはかかるまい。

3　六～九段落のあらまし

第⑥段落以降の本文を⑨段まで引用する。

⑥この友人の体験談を聞いて、「便利」というのはどういうことかを、改めて考えてみました。

⑦「便利」とは「都合がよく、役に立つこと」です。でも、それは、だれにとって都合がよく、だれの役に立つことなのでしょうか。

⑧わたしたちの家の中を見わたしてみましょう。ぶんぼうぐのような小さな物から、家具のような大きな物まで、わたしたちの身のまわりには、たくさんの道具があることに気づかされます。これらの道具はどれも、わたしたちのくらしを便利でかいてきにするために、生み出されてきた物です。しかし、光で知らせるチャイムの話のように、使う人の立場によっては、道具の仕組みを変えなけ

れば役に立たない場合もあります。

⑨　このように、ある人にとっては便利だと思われている物でも、立場を変えて見ると、その仕組みのままでは不便であることがわかります。

この四つの段落の記述内容を簡略に示すと次のようになる。

⑥「便利」について改めて考えた。

⑦「便利」とは、誰にとってなのか。

⑧多くの道具があるが、使う人の立場によってはその仕組みの変更が必要な場合もある。

⑨ある人には便利でも、その仕組みのままでは別の人には不便ということもある。

右の四つの段落の相互関係は次のようになると見てよいだろう。

⑥小主題提示　「便利」について

⑦問題提示　「便利」とは？

⑧事例考察　具体例の分析

⑨小結論　道具も人によって長短が変わってくる。

このように、文章の内容や仕組みを見ぬいて自分の考えで簡略にその内容を書きとってみることは極めて重要なことである。

国語教育の実践家としての大先輩、青木幹勇先生は、教材研究に当たってまずその教材全文を一点一画をも疎かにすることなく、毛筆で書き写されたそうであるが、そうそう凡人に真似のできる行為ではない。しかし、その目指すところ、狙うところに大きな差はない。せめて我々はその狙う一点なりとも真似たいものだと思う。

私が示したのは、いわば「要約」であり、「関係図」である。このような形にしてみると教材の骨格が頭に入るので好都合だ。この作業はぜひ習慣化するとよいと思う。

4　発問として考えられること

子どもたちが右に示したように読みとれれば、ほぼ読解としては成功と見てよいだろう。

続いて⑧段落に着目してみよう。文は四つある。第四文は「しかし」で始まっている。逆接の接続語である。この前に三つの文がある。

「しかし」の前と後とではどっちが言いたい方だろうかと問うてみることが大切だ。解ははっきりしている。第四文、つまり、「しかし」以降を言いたいために三文までを出しているのである。一般に逆接の接続語を用いる場合は、用いられたその後の方に話の力点が置かれることが多い。

この発問によって、第⑧段落の要点は、

　　使う人の立場によっては、道具の仕組みを変えなくては役に立たない。

ということに落ちつく。このようにして、「要点の読みとり方」を教えることができる。「読みとり方」というのは「技術」であるから、その技術を身につけるために、まず必要な「知識」を教える必要がある。

ここでは、例えば次のような「知識」を教える。

逆接の接続語があった場合は、叙述の力点は一般にその後に置かれていることが多い。
逆接語の前の部分は、逆接以降の強調をするために置かれることが多い。

このような「知識」が「行為化」できた時にそれは初めて「技術」と言える。

第⑧段落は「このように」という「まとめの言葉」で始まっている。こういう「まとめの言葉」はこれまでに述べたあることがらを「指示」した上でまとめるという機能を持っている。そこで次のような発問が考えられる。

「このように」とあるが、これは何を指しているか。「何のように」と言うのだろう。

この発問によって、子どもたちは第⑧段の「しかし」以降に目を向けることになる。

いわゆる「代入」をしてみると次のような文になる。

「使う人の立場によって、道具の仕組みを変えなくては役に立たない場合もある」ように――

このように「指示」の対象、指示内容を文脈の上からきちんと摑ませることが肝要である。

第⑨段落は「一文一段落」である。一文とは言っても、「重文」である。分解をすれば次のようになる。

このように、ある人にとっては便利だと思われている物がある。でも、立場を変えて見るとある人にはこの仕組みのままでは不便なことがある。

ここでも「でも」という逆接の接続語の後の方に叙述の力点が置かれるという先の「知識」が生かされることになる。

文章構成に気付かせる発問としては、

⑥段落から⑨段落までで最も大切な段落はどれか。

が考えられる。当然「まとめ」に当たる第⑨段落が「最も大切」ということになる。

読解としては以上のようなことで大略終了としてよい。これらを、叙述されている「事実」と結んで内容理解をさせることが重要である。

3 教材研究――その2 言葉の指導

1 用字、用語の指導

「体験談」は「体験＝談」という二つの単語から成る複合語である。ここから経験談、失敗談、後日談といった語句にも触れておくとよい。

「改めて考える」の「改めて」というのは「新たに」という意味である。子どもの生活語彙の中にはないので特に指導が必要だ。

「ぶんぼうぐ」は「文房具」と書くのだと教えたい。「かいてき」は「快適」と書かなければ全く意味の見当がつかない。「快」にして「適する」、「快く適う」から「快適」なのである。平仮名で書くことによってかえってわからなくなる例の一つだ。

「立場」の原義は「立つ場所」である。立つ場所によって見えてくる景色は違ってくる。「立場によっては」とか「立場を変えて見ると」というのは、「立つ場所」という原義に立ち戻って子どもに話してやると語句の意味を確かにとらえられることになる。

「見わたして」は、「遠く広く望み見る」の意である。生活語彙として親しまれているが辞書によって本義の指導をしておこう。

2　文体加工、ということ

第⑩段と⑪段の文章を引く。

⑩　少し前の時代まで、道具は、ある程度《てい》多くの人にとって便利に使えれば、それでよいと考えられてきました。
⑪　今では、そのような考え方が変わってきています。同じ目的を果たす道具が、さまざまな立場の人に合わせて何種類も作られるようになり、一人一人が、その中から最も使いやすい物を選べるよ

うになってきたのです。きき手に合わせたはさみなどが、その例です。

一読してわかるように、この二つの段落は「少し前の時代」と「今」とを対比して道具の上に生じてきた変化を述べている。

こういう段落相互の関係は、なるべくずばりとその対比、対照が分かりやすくとらえられることが必要である。記述されている文章そのもので対比すればアのようになるであろう。しかし、こういう対比の仕方では「ずばり」というわけにはなかなかいかない。分かりにくさを拭いきれない悩みがある。

ア　A　少し前の時代……ある程度多くの人にとって便利に使えればそれでよし。
　　B　今…………さまざまな立場の人に合わせて何種類も作られるようになった。

この対比を次のように改めてみる。

イ　A　少し前の時代……単一、一様
　　B　今…………多種、多様

さらに単純化すれば、次のようになる。

ウ　道具＜昔……単一、一様↓非選択
　　　　　今……多種、多様↓可選択

当然のことながら、アよりもイが、イよりもウの方がすっきりして分かりやすい。だから、ウのように要約し、対比できるようになることが読解上望ましい。しかし、国語のこれまでに見られる要約は断然アの形のものが多い。「本文の表現」をそのまま用いようとするからである。

本文の中には、「単一、一様」とか「多種、多様」というような語はない。しかし、こういう大人社会で使われている一般的な語句を国語教育の中でも積極的にとり入れていくことが大切だと私は考えている。こういう言葉を知っている子どもと、知らない子どもとでは論理的思考力に大きな違いが生まれてくる。

私は、文章の内容を変えずになるべく単純化して要約するためには、表記外の言葉をも援用する方がいいと考えている。このような手続きを、「文体加工」と私は呼んでいる。「文体加工」を伴う要約指導はとても大切な技術の一つである。

具体的だが長々と書かなくてはいけないことを、ずばりと抽象語で言ってみることによって、思考が整理され、分かりやすくなってくる。

3　事実や経験との対応をする

教科書には、四種の鋏《はさみ》の写真が載っている。

・右手で使う鋏
・左手で使う鋏

・子供用の右手で使う鋏
・子供用用の左手で使う鋏

これらの四つの写真を見て「ああ、見たことがある」「あの鋏のことだな」と納得する。このようなことが大切である。こういう頭の働きによって、言葉という記号と、経験や事実との結合が図れる。このことによって本当の理解が成立することになる。

私は、前項で述べたような構造的な分かり方と、今述べたような事実や経験との結合による納得とを次のような言葉で子どもたちに説明してきた。

・すっきり分かる↓構造的理解
・とっくり分かる↓経験的理解

そして、書かれていることが言葉の上で一応分かるというレベルを「はっきり分かる」として次のように説明してきた。

・はっきり分かる↓内容的理解

説明文を読むということは、最終的には自分の経験や体験と結んで実感的理解ができるというレベルに至らなくてはいけない。

一年生を担任していた折にある子どもが「先生、人生はマラソンだよね」と言ってきて苦笑したことがある。「人生はマラソン」という格言の意味をこの子はむろん分かっていない。この子が発した言葉は聞きかじりである。言葉の上だけの知識であって、その真義までは知る由もあるまい。

こういう分かり方は脆いし役に立たない。文章を読んでの理解は、「はっきり→すっきり→とっくり」というように深められていかなければならない。

4　三つの理解レベルにあった発問

まず、「内容的理解」「はっきり分かる」というレベルでの発問の傾向について考えてみよう。このレベルの発問は、文章の主述関係、修飾被修飾の関係、語句意の理解、内容理解などに関することが多くなる。

例えば、次のようなものである。

・「少し前の時代までの道具と、今の道具」とにはどんな違いがありますか。

・「利き手に合わせた鋏」はいつの時代のものですか。

・「さまざまな立場の人に合わせた道具」ができた時代はいつですか。

いずれも平易な問いであり、読みの最低レベルを問うものである。こんな問いばかり出していたのでは子どもの読解力は高められてはいかない。

次に「構造的理解」「すっきり分かる」というレベルの発問例を示そう。

・段落⑩と⑪に書かれている内容を二つに分けて図解しなさい。

・「少し前の時代」と「今」の二つに分けてそれぞれの道具の特徴を書きなさい。

いずれも、文図、構造図を求めているもので、文章の書かれ方つまり文章の仕組みの理解度を求めるものである。先の例よりは、やや高度の問いである。

最後に「経験的理解＝とっくり分かる」レベルの発問例を示してみよう。

・あなたの身近に「少し前の時代」の道具がありますか。ノートに書きなさい。
・身近にある「今」の道具の例を挙げてみなさい。ノートに書きなさい。
・「使いやすい物を選ぶ」という経験をしたことがありますか。ノートに書きなさい。

これらは、読解の最終段階で子どもに問いかけ、指示する高レベルの問いである。これらにすらすらと答えられた時に、その内容がどの子どもにも実感を持って理解されたということになる。むろんその背景には「構造的理解」がきちんとなされている必要があることは申すまでもないだろう。

5　なるべく漢字表記で

第⑫段から最後までの文章を引く。

⑫　一人一人が使う道具とちがい、たくさんの人が使うせつびについては、そのような解《かい》決方法をとれないこともあります。

⑬　歩道橋について考えてみましょう。歩道橋は、車を運転する人にとっては、横断《だん》歩道でいちいち停車せずにすむので、大変便利であるといえます。反面、道路を横断する人にとっては、安全では

あるが、いちいち階段《だん》を上り下りしなくてはならないので不便です。

⑭こうしたせつびは、小さな道具のように、いろいろな立場の人に合った物を別々に用意するというわけにはいきません。したがって、そのせつびを、どのような立場の人が、どのようなときに利用するのかをよく考えなければなりません。そして、不便を強く感じる人が少なくなるようにつくったり、改良したりしていくことが必要です。

⑮最近では、上り下りするところを、階段の代わりにゆるやかな坂にしている歩道橋がつくられています。また、エスカレーターやエレベーターが付いた歩道橋もつくられるようになってきています。このような歩道橋がつくられることによって、車いすやうば車を使う人、自転車に乗る人、重い荷物を持った人など、さまざまな立場の人が、安全で便利に道路を利用することができるようになるのです。

⑯わたしたちの社会では、たくさんの人が、それぞれちがった立場で、いっしょにくらしています。ですから、ふだんなにげなく使っているいろいろな道具やせつびが、だれにとって便利で、だれにとってそうでないのかを、また、どのようなときに便利で、どのようなときにそうではないのかを、よく考えていくことが大事なのです。

以上出典　教育出版　平成二十三年版教科書『ひろがる言葉　小学国語４下』

「せつび」と平仮名で書かれているのはなぜだろうか。こういう表記法は大人の社会、一般の生活の中では見られない。

「設」は五年の配当漢字であり、「備」も同様に五年のそれである。そのことによって四年の教材では遠慮した、というわけだ。ルールに従えばそういうことになる。しかし「設備」は文字通り「設けて備える」のだから、これは漢字表記でなければかえって意味をとらえにくくなる。漢字で表記してルビをつける方がよいと私は考えている。いや、ルビさえもいらないというのが本音のところである。

そこで、せめて板書にする場合には漢字で書く、というようにするとよい。私は常に「教科書には平仮名で書かれているのだから黒板には漢字で書く」と主張し、実践もしてきた。黒板に書かれる文字は教科書にある文字よりも注意深く観察される。早くから、何度も意識的に漢字と出合わせておくことが漢字習得の秘訣である。

「さまざまな」→「様々な」、「わたしたち」→「私達」、「ところ」→「所」、「いっしょ」→「一緒」と、私なら書きたいところである。

4 教材研究――その3 構造理解

1 文章の構造を読みとる発問

第⑫段落は、新しい話題を提起している。これまでは「一人一人が使う道具」であったが、今度は「たくさんの人々が使う設備」を話題として、取り上げることになる。こういう場で「話題」「話題の転換」というような「学習用語」をきちんと教えたい。

また、⑫段落は新しい話題について概括的な説明をしている役割を担っている。つまり、これまでの解決方法が通用しなくなる事態を予告しているのである。その詳細は⑬段以降で述べられることになる。

⑯段はいわゆる「全体のまとめ」であって、その内容は、⑫段で提示した「設備」だけには留まらない。話題は「道具や設備」ということになり、これまでの記述を総括する形になっている。

このような文章構造に気付かせ、構造を踏まえた読みとりができるようにするための発問はどのようにしたらよいだろうか。いくつかを紹介してみよう。

ア　「設備」についての説明は、何段から何段までに書かれているか。

イ　⑫段から⑯段までの文章を二つに大別するとしたらどこで分かれるか。

ウ　⑬段落の始めの書き出しに補うべき言葉は何か。

エ　⑯段落の始めの書き出しに補うべき言葉は何か。

いずれかの発問課題を解決した上でなら、

右に挙げた四つの発問は、まず概括的に文章の骨格をとらえさせるためのものである。まず大要をつかまえてから徐々に細部の理解に及んでいくのが原則的な問いのあり方である。

アの解は⑬から⑮段ということになる。⑯段を加えないということの理由が自覚できることがむろん必要だ。

イの解は⑮と⑯の間である。⑯がいわゆる全体総括であるからだ。

ウの解は、「例えば」である。⑬段は⑫段の下位項目ということになる。⑭も⑮も同様である。

エの解は、「結論を述べましょう。」とか「つまり、私はこう思います。」「まとめましょう。」というような言葉が妥当であろう。

こういう言葉を私は「ガイド言葉」と呼ぶことにしている。ガイド言葉が補われていると中身はずっととらえやすくなる。だから、ガイド言葉が書かれていない場合には適切なガイド言葉を補って読む習慣をつけるとよいのである。そういう習慣をつけることも学力形成の一翼であり、それを促す発問をすることもまた大いに意義がある。ウやエの発問はそういう狙いを持ったものである。

2　段落の組互構造と、段落内の構造

前述の構造が読みとれれば、細部の読みとりにはさほどの抵抗はないだろう。

⑬段落の歩道橋についての説明は至って平明である。ドライバーにとっては便利だろうが歩行者にとってはわざわざ橋を上り下りしなければならなくなる点で不便である。このような説明は「事実や経験と結んで」分からせることが大切である。私の言うところの「とっくり分かる」ということだ。「うん、うん」と頷きながら読む姿勢を子どもに養いたい。

⑭段落は、⑬段で述べた問題点を少しでも改善すべきだという主張であり、それは⑬段と呼応している。⑬段で具体的に述べた事柄から改良という方向性を導いているが、述べ方自体はやや抽象的である。その分かりにくさを補っているのが⑮段落ということになる。

⑮段では、

階段
- ゆるやかな坂にする
- エスカレーターをつける
- エレベーターをつける

という改良事例を出している。これらがつまりは対策である。⑬段の前半にはこのような「対策」「改良事例」が具体的に述べられ、後半ではこのことによる「効果」あるいは「効用」が述べられている。

・車いすを使う人
・うば車を使う人
・自転車に乗る人
・重い荷物を持った人

など様々な立場の人

←

◎安全で便利に道路を利用できる。

教材にはそれぞれの事例に合わせた写真が載せられている。その写真によって理解はいっそう具体的に図られるようになる。

なお、説明文におけるこのような図版や写真のことを「挿し絵」などと言う人があるが、正しくは「資料」と呼ぶべきだと私は主張している。説明文の中でも写真ではなく絵が添えられているものがあるが、これらは、文学的な文章における「挿し絵」とはその機能が別である。

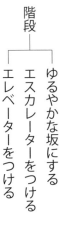

文学作品における絵図はあくまでもちょっとした「気休め」「楽しみ」であるのに対して、説明文のそれらは「参考資料」あるいは「参照資料」である。だから、文学的文章の挿し絵は漫画風に描かれたり、ファンタジックに描かれたりするのである。しかし、説明文の場合のそれらは「正確」ということが不可欠の条件になってくる。デフォルメは許されない。

段落の相互関係はよく発問によって解明されるのだが、段落の中の構造になるとあまり問題にされることがない。しかし、⑮段落については、次のような発問はぜひしてみたい。

⑮段に書かれている三つの文を二つに分けるとしたらどこで分かれるか。

難しい問いではない。文は三つしかないのだから、①・②③となるか、①②・③となるかしかない。②の文頭には「また」という接続詞がある。これによっても①と②は連続していることがわかる。つまりは、③の文が①・②の事例を統べた形で「効果」「効用」をまとめて述べているということになる。

説明文における発問づくりは、このように「文章構造」に関するものと、「難しい内容の理解」に関するものとがその中心になるべきだ、と私は考えている。

あとがき

平成二十四年（二〇一二年）に初版以来、七刷という好評裡の増刷を続け、大学のテキストにもなっている本書だが、平成二十九年に学習指導要領の改訂があったので、部分的に若干の加筆をせざるを得なくなった。その機会に、改めて原稿を念入りに見直し、若干の添削をしたので、いっそう読みやすくなったと考えている。むろんのこと常に「根本、本質、原点」に立ち返って論述しているので大きく変わったり、変えたりしたことはない。

「根本、本質、原点」に、「常に立ち返る」とはそもそもどういう意味か、改めてざっと述べておきたい。法治国家である日本の法の体系をまず確認しておこう。「日本国憲法」は国内法の最高法規である。全ての法はこれに違反してはならない。「教育基本法」は、教育法規の最高位であるから、全ての教育法令はこれに違反してはならない。「学校教育法」は教育基本法に基づく学校教育の最上位の法である。「〇〇法」と名のつく法令は国会で制定される。そのやや細かな取り決めが「規則」であり、これは法律の下位法である。「学習指導要領」は、「学校教育法施行規則」に基づいて定められる。学習指導要領に従って作られるのが「教科書」である。

教科書は学習指導要領に則り、学習指導要領は学校教育法施行規則に従い、それは学校教育法に基づき、学校教育法は教育基本法に則り、教育基本法は日本国憲法に基づいて制定されている。「根本、本質、原点に立ち返る」というのは、これらの上位法規に従うということである。学習指導要領は十年も経てば変わってしまうが、学校教育法や教育基本法はそう簡単には変わらない。そう簡単には変わらない上位法令を無視して学習指導要領にばかり注目するのは危険である。学習指導要領の「変わった部分」ばかりに注目すると、「木を見て森を見ず」の誤りを冒しかねない。

「2　義務教育として行われる普通教育は、各個人の有する能力を伸ばしつつ社会において自立的に生きる基礎を培い、また、国家及び社会の形成者として必要とされる基本的な資質を養うことを目的として行われるものとする。」（教育基本法第五条　2　義務教育）

これが、学習指導要領の上位に立つ教育基本法の文である。波線は私が引いたものだが、「基礎を培い」「基本的な資質を養う」ことが、「義務教育」の「目的」だと明記されている。「基礎」「基本」という言葉の本質は、「不変、不偏、不動」ということである。これが義務教育期間の教育の目的なのだ。十年もしたら変わってしまう「学習指導要領」の「新しくなった一部分」よりも、むしろ「変わらない大部分」の方が重要なのである。このことを忘れて、変わった目先のことだけにとらわれるのは軽率である。新しいことも大切だが、それは、不動の原理の上に立って学ばれてこそ盤石なのである。「常に、根本、本質、原点に立ち返る」というのはそういうことなのだ。私の書物は全てこの信条に基づいて書かれている。これを機会に私の他の著作にも目を向けていただければ幸甚である。

さて、代は令和となって二年め、思いがけない新型コロナウイルスの世界的な拡散禍によってオリンピックの東京大会は延期され、全国の学校は休業となり、さまざまの集会、イベントは例外なく中止、取り止め、延期という事態になっている。それでもなお拡散、感染の勢いは止まない。先行きの不安は大きい。今はそんな時期である。本書が刊行されたのはざっと八年前、まだ私は植草学園大学の現役で、初版のあとがきには「研究室にて」と付記されている。

私の大好きな言葉に「諸行無常」「万物流転」がある。共に、この世は常に流れ、転じ、変わり、ひととき として変わらぬことはないという意味である。コロナウイルスのコの字もなかった八年前には考えもしなかった世情である。改訂版の本書が世に出る頃には、コロナウイルス拡散が減り、終息の安堵が得られるよう願っている。良い方向への、常なき流転をと祈るばかりである。

令和二年三月二十七日　　観音堂の書斎にて

八十四歳　野口芳宏　記す

著者紹介

野口芳宏（のぐち　よしひろ）

1936年千葉県君津市生まれ。千葉大学教育学部卒業。公立小学校教諭、千葉大学附属小学校教諭を経て、公立小学校教頭、校長を務める。退職後、北海道教育大学教授等を歴任し、現在植草学園大学名誉教授。また2009年7月-15年12月千葉県教育委員を務めた。

◎研究分野

国語教育、家庭教育、道徳教育。日本教育技術学会理事・名誉会長、日本言語技術教育学会理事・副会長、「鍛える国語教室研究会」「授業道場野口塾」「実感道徳研究会」各主宰。

◎主著

『教師の作法　指導』（さくら社）、『野口芳宏 第一著作集全20巻』『同 第二著作集全15巻』『子どもは授業で鍛える』『作文力を伸ばす・鍛える』『子どもの話す技術を鍛える』『鍛える国語教室シリーズ』など（以上、明治図書）、『利他の教育実践哲学』（小学館）、『小学生までに身につける子どもの作法』（PHP研究所）、『野口流　授業の作法』『野口流 教室で教える小学生の作法』（以上、学陽書房）、『縦の教育、横の教育』（〈財〉モラロジー研究所）ほか多数。

授業づくりの教科書

国語科授業の教科書［改訂版］

2012年10月20日　初版発行
2020年 6 月11日　改訂版発行

著　者　野口芳宏
発行者　横山験也
発行所　株式会社さくら社
〒101-0051　東京都千代田区神田神保町2-20ワカヤギビル507号
TEL：03-6272-6715／FAX：03-6272-6716
https://www.sakura-sha.jp　郵便振替00170-2-361913

ブックデザイン　佐藤博　　装画　坂木浩子
印刷・製本　中央精版印刷株式会社

ISBN978-4-908983-34-4　C0037